篮球无器械体能训练

[日] 窪田邦彦　著

张守伟　译

人民体育出版社

序章

诞生于美国的篮球，作为一项非常华丽的运动，现已完成其进化。篮球并非只能让我们目睹各式各样的投篮场景。在运球投篮的瞬间，我们也能欣赏到很多超乎想象的技术动作。巧妙躲开对方防守的运球，或是如穿针般的精确传球。即便我们看到的只有针对这些动作的防守，但其中可运用的各种技术，也让我们深刻地感受到篮球的妙趣。

成就现代精彩篮球比赛的重要因素之一，应该就在于对篮球基本练习的不断重复。这种练习以操控篮球的乐趣为始，经过比赛的千锤百炼成为技巧，然后通过队友间不断加深的默契，才得以成为世人瞩目的比赛。但除此之外，我更希望大家注视那些包裹在五颜六色球衣下的奥秘，是的，就是让选手具备充足体能的训练。

提到训练，大家联想到的可能是不输给对手的“强大”。但在篮球的世界里，不仅仅是强度，“柔韧”也是非常关键的一环。除了需要强化体能方面的训练，更广泛的训练也是必要的。而这种柔韧训练的综合效果也将会在现场比赛中得到充分反映。

那么，篮球运动员应该追求什么样的训练，才能使自身的动作变得柔韧呢——

本书便针对该问题展开讨论。可能大家会认为这种柔韧练习和拿着球的感觉有所不同。但是，所有上演过华丽场面的顶级球员，他们的辉煌都是脚踏实地的基本训练的累积。我热切希望大家通过接下来所介绍的训练，能够扎实并且有效地具备“真正的强大”。

“掌握训练的基础是迈向顶尖球员的第一步——”

Prologue

目录

【在进行训练前…】

在进行本书所介绍的训练时，请一定要做好健康管理，并请运用正确的方法在安全的场所进行训练。因训练所产生的伤害及死亡，本社概不负责。请一定要牢记安全训练。

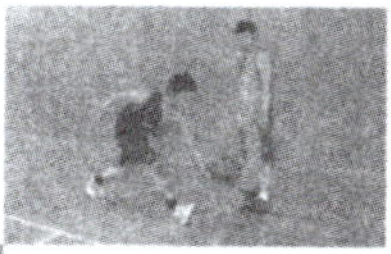
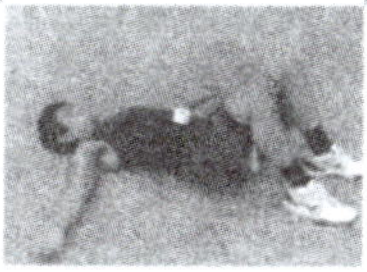

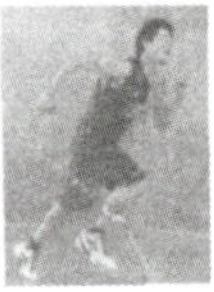

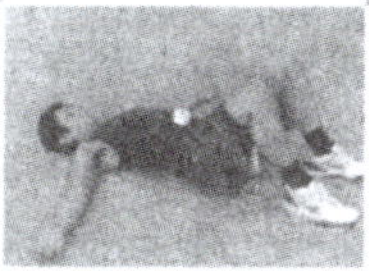

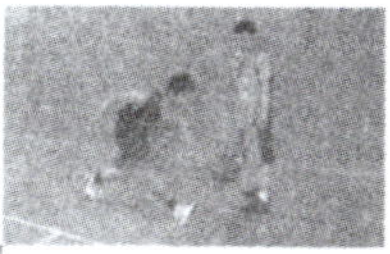

概 论

提高篮球技术需要进行哪些绝对不可或缺的训练？

For Basketball Players

篮球是一项只要球进篮就能得分的运动。
但仅仅练习有球技术，
并不会真正获得远胜对手的强大。
快速起动、高高跳起、急停……
篮球就是一种要求在对抗中完成各式各样动作的竞技运动。

体能金字塔

Physical Pyramid

——体能训练真的有必要？——

“除了正常的篮球练习之外，体能训练真的有必要吗？”有没有人这么想呢？

（下图的）“体能金字塔”反映了竞技能力（表现）和体能的关系。这个金字塔体现的思考方法是，即在体能基础上考虑的才是篮球技术和战术。金字塔的高度就是竞技能力。图中的“一般体能”指的是所有运动员所必需的体能要素。与此相对应的“专项体能”则专指篮球选手所必需的体能要素。

中间的图表示的是现行状态，右边的图表示的是积极地进行体能训练后的变化，左边的图表示的则是只进行篮球练习的场合下所发生的变化。

我们来看看右侧的金字塔。首先，我们会发现表示一般体能的基础部分正在变大。与此相对应的是，篮球选手必需的专项体能的部分也在变大，这就使支撑技术和战术的部分同样在变大。也就是说，通过进行体能训练，技术会不断精进，战术范围也不断拓宽，这都使篮球技巧得到了飞跃性的进步。

接下来，我们讨论只进行篮球训练的情况。来看一下左边的金字塔。左侧的金字塔比中间的金字塔要更高一些，这表示竞技能力是处于上升的状态。但是其整体高度比右侧的金字塔要低，所以篮球水平的整体提升空间会低一些。

另外，如果将左侧的金字塔提升到与右侧的金字塔相同的高度，而且提升的只是技术和战术部分能力的话，左侧金字塔的状态将会变得非常不稳定。

假如金字塔倒塌的话，这意味着什么呢？这意味着运动员会受伤。也就是说，如果在基础体能练习不够充分的状态下一味地进行篮球训练，运动员受伤的可能性就会提高。

体能训练的目的是为了“预防受伤和提高竞技能力”，这也是为什么必须进行此类训练的原因。

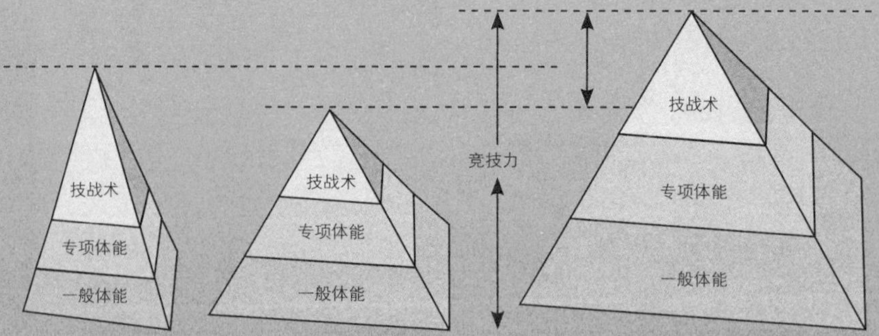

基础训练

Basic Training

——用拉伸和稳定来防止受伤——

在众多运动项目中，篮球运动是很容易使人受伤的竞技项目之一。一般运动时受的伤分为两种，一种是运动外伤（冲撞或是摔倒时所受的急性外伤），另一种是运动障碍（即肌肉或是肌腱反复受到压力所导致的慢性伤害）。

打篮球时最容易受的运动外伤是脚踝扭伤，其次是撞伤、手指挫伤、膝关节扭伤。运动障碍中最多发的是膝关节疼痛，其次则是腰痛。而在中学生和高中生（尤其是女生）中比较常见的是因前胫骨疼痛加剧导致的疲劳性骨膜炎和脚趾的疲劳性骨折。

篮球是一项拥有身体接触剧烈的运动，想100%避免受伤是不可能的。但我们可以通过科学预防，来降低它的危险性。

预防受伤的第一个关键是，练成“柔软的身体”。柔软的身体可以通过练习拉伸运动（stretch）获得。通过拉伸，肌肉会变得柔软，关节活动度（肌肉活动的范围）也会随之变大。在热身时做一些拉伸运动，关节活动度的扩大可以使肌肉变得更加灵活，这样便可以减轻肌肉和关节的负担。在此基础上，如果在放松运动中做些拉伸运动，还可以使在练习中疲劳的肌肉恢复韧性。肌肉柔软的话，血液循环就会畅通无阻，疲劳也比较容易消除。

像这样经常做拉伸，身体就可以变得不容易受伤。

预防受伤的第二个关键是，练成“稳定的身体”。稳定的身体可以通过锻炼躯干部的肌肉获得。这样的训练被称之为“稳定性训练”。

篮球运动中在急停和变向时由于身体的平衡被打破导致受伤的例子很多。通过躯干部肌肉的锻炼可以使身体的平衡性增强，由此可以防止脚踝及膝关节等部位的扭伤。同时，由于篮球运动中身体前倾姿势较多的缘故，所以很容易给腰部带来负担，从而引起腰痛。如果在此时加强躯干肌肉锻炼的话，就可以减轻腰部所受的负担。

通过这样的方式锻炼躯干肌肉，我们就可以获得不容易受伤的身体。

竞技能力训练

Performance Training

——拥有力量、速度、耐力吧！——

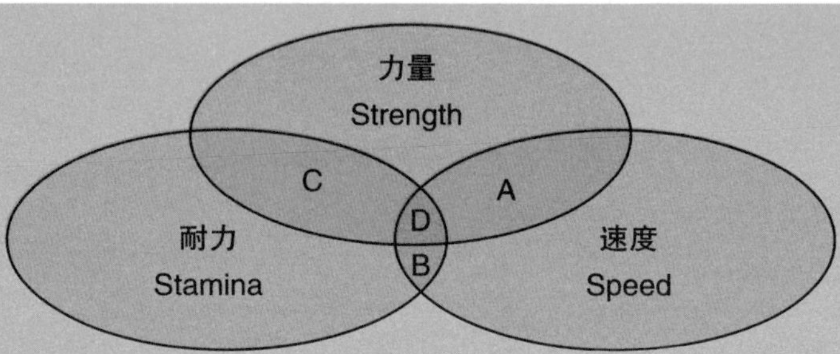

为了能够有效地提高篮球训练水平，在此整理一下提高体能所必需的要素。

力量、速度、耐力是基础体能的三大组成要素，如上图所示。这三项要素相当于体能金字塔中的一般体能。椭圆重叠的部分代表的是力量（A）、速度耐力（B）、肌肉耐力（C）和力量耐力（D），此部分相当于专业体能。

中学生和高中生还是先从提高基础的肌肉力量、速度和耐力开始训练吧。

速度（Speed）：灵活的身体

篮球是一项需要高水平运动能力的项目。而在这些高水平的运动能力中，尤以速度为主。拥有比对手更快的速度意味着在一对一的场合时更加有利。但仅仅拥有速度是不够的，我们还必须拥有能够在高速运动中控制自己身体的能力。

肌肉力量（Strenth）：强壮的身体

篮球运动中有很多激烈的身体碰撞，因此强壮的身体是必需的。躯干和上肢的强壮不仅可以避免身体碰撞所带来的伤害，还能够有效地提高投篮的命中率及传球的准确性。而下肢的强壮对于跳跃的高度和步法也都是很重要的。

耐力（Stamina）：精力旺盛的身体

由于篮球是一种在球场来回跑动的竞技运动，因此需要球员有一个精力旺盛的身体。不论你每次的移动速度有多快，也不论你身体碰撞的力度有多强，如果你的这些优势不能维持，那么你在篮球赛场上也无法发挥实力。

以上介绍的预防受伤的基础训练——拉伸和稳定的2“S”①，和以提升竞技能力为目的的速度、力量和耐力的3“S”②——都是篮球训练中必不可少的内容。

① 拉伸的英语为stretch，稳定的英语为stability，所以是两个“S”。
② 速度、力量、耐力的英语分别是speed、strength、stamina，故为三个“S”。

训练的原则

Principle

——提升训练效果——

训练有很多原则。如果我们能够一丝不苟地遵循这些原则，训练一定会卓有成效。一开始遵循这些原则时可能会有些困难，但是一定要尽可能多地遵循这些原则，这点请务必铭记于心。尤其要重视延续性和反复性的原则。因为不论是多么出色的训练，也不可能仅靠一天或是一周就能使体能拥有翻天覆地的变化。

1. 超负荷（overload）原则

依靠低于日常水平的负荷是不可能获得训练效果的。必须要制定同训练目的相符合的高强度训练负荷。

2. 针对性原则

训练的效果只会体现在被训练的环节。

3. 均衡性原则

不要只是考虑专项训练部分的体能要素，还必须要考虑其他各要素的均衡性。

4. 意识性原则

训练要在正确理解其目的、意义及训练方法的基础上进行。

5. 渐进性原则

随着训练的进行，体能也将会有所增强，因此训练的负荷（质量）也必须要随着体能的增强而有所加大。

6. 持续性和重复性原则

训练的效果需要通过持续一定时间的反复练习才可以获得。因此训练在原则上必须要长时间、不间断地反复进行。

7. 个别性原则

此原则要求训练项目的制定要考虑到个人身高和体重以及体能的差异。

为了打好篮球

一定要重视基础训练！

专栏1

练成不易受伤的身体

练成不易受伤身体的关键就是睡眠。在练习和训练中受了伤的身体，会在睡眠中被修复。所以如果睡眠时间太短身体就来不及修复，这样会更容易受伤。从古至今都有“每天要睡八小时”的说法，运动员的话就更应该睡足这些时间才对。

睡眠时间长短很重要，睡眠质量也很重要。修复身体需要一种叫作生长荷尔蒙的物质。这种荷尔蒙在深度睡眠，尤其是就寝一个小时后才会大量分泌。因此，如果在睡前玩游戏或是发短信的话，大脑兴奋会导致睡眠较浅，这样会使可以帮助身体修复的生长荷尔蒙的分泌量变少。所以为了身体能够分泌足量的荷尔蒙，理想状态还是盖好被子倒头就睡。

为此想办法在睡前放松就成了一件很重要的事。放松的方法因人而异，不过笔者认为拉伸放松是一个很好的方法。在肌肉放松的状态下盖好被子，然后就势睡着。或者听一些喜欢的音乐（但必须是安静的音乐）放松自己。利用香气使人放松的芳香疗法在最近也很受欢迎。

让我们来看一看最佳睡眠时间段吧。晚上11点至凌晨2点被称为睡眠的黄金时间段。这个时间容易分泌生长荷尔蒙。即使在为了学习而不得不缩短睡眠时间的场合，这个时间段也最好能够保证睡眠。

生长荷尔蒙对于长高和长肌肉也是必要的。为此，想要“尽量长高”或是“我要肌肉”的人要牢记良好睡眠的重要性。

“爱睡觉的孩子长得快”。对于中学生和高中生来说，睡眠真得很重要，因此请调整自己的作息习惯。

第1章
为了不受伤，请练好柔软的身体

Stretching

比赛进行时，我最希望大家明白的是，
一旦受伤就不能再上场。
为此我希望大家重视：
热身和放松运动。
一定要牢记练成柔软的身体，
为参加重要训练和比赛做好拉伸！

直立拉伸

Standing Stretch

——要重视热身运动——

说到“拉伸”，人们脑海中浮现的大概会是缓慢拉伸肌肉的拉伸（静态拉伸）运动吧。虽然人们常常认为拉伸运动就是拉伸肌肉，但其实其包含的不止如此。像以前推广的广播体操类的柔软体操被称作动态拉伸运动，也是拉伸运动的一种。

通过类似柔软体操的拉伸运动来活动身体，肌肉和关节深处都会变得活络起来，动作可以更加流畅。请大家明白，在热身时所进行的拉伸运动，可以拉伸和活动接下来需要使用的肌肉和关节，从而使身体更加灵活。

Menu 1

分腿体前屈

双腿分开，以手触地。
臀部翘起。（大腿内侧和臀部）

Menu 2

分腿体侧屈

用两只手抓住右脚脚踝。
（左侧肋部和右腿内侧）
※反方向亦然。

Menu 3

弓步下蹲

双腿前后岔开，下蹲。
（左侧大腿上部）
※反方向亦然。

Menu 4

马步开立

面朝前方，双脚尽量大张下蹲。
以肘压膝，门户大开。
（大腿内侧）

Menu 5

弓步转肩

两手触膝，转肩。
（侧腰部和手肘弯曲的话，肩胛骨内侧就会拉伸）
※反方向亦然。

Menu 6

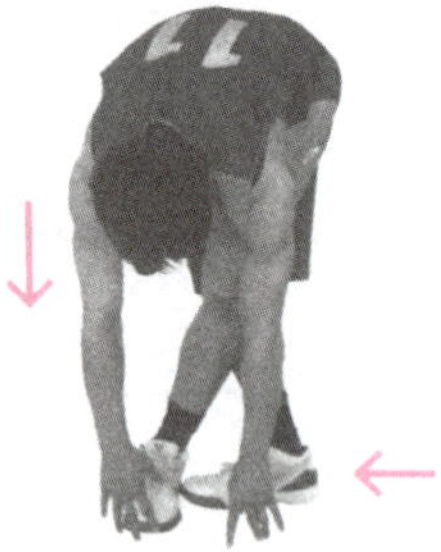

交叉步体前屈

左脚放在前面与右脚交叉，身体前屈。右脚脚尖内扣。
（右腿大腿外侧至臀部）
注：括号中指的是需要有意识注意的肌肉。
※反方向亦然。

Menu 7

单足屈膝

抓住脚尖向后屈膝。
（大腿前侧和脚尖前侧）
※反方向亦然。

Menu 8

“4”字固定

将右脚放在左侧大腿的前端，保持“4”字的状态前倾。
（臀部深处至大腿外侧）
※反方向亦然。

POINT 要点提示：

热身当以“10秒”为准

通过静止拉伸运动热身时，站立的姿势效果会更好。一个动作缩短到10秒，整个热身时间也会相应缩短，一定要注意身体不能变凉。另外，为了使肌肉不至于放松过度，不要用固定式的10秒拉伸，而应用渐进式的10秒拉伸。

Menu 9

小腿①

右腿屈膝，左腿伸直，脚跟着地。
（小腿肚的上方）

跟腱②

手放在腰上，左腿屈膝，重心后仰，右膝伸直。
（跟腱）
※反方向亦然。

Menu 10

肩关节拉伸①

将右手腕放在身体前方，与地面平行。左手腕贴住右手肘，身体向左扭转。
（肩膀至肩胛骨周围）

肩关节拉伸②

将双手肘向头部后方弯曲，左手压住右肘，向左侧身。
（右手腕内侧至侧腰）
※反方向亦然。

Menu 11

体侧拉伸

双手上举，左手拉住右手腕向左侧身。此时左脚放在右脚前侧交叉。
（右侧腋下到腰部）
※反方向亦然。

Menu 12

胸&体后屈①

双手交叉掌心向内放在背后，挺起胸膛。
（胸部到肩膀前侧）

胸&体前屈②

保持①的姿势前倾，左右扭动。
（肩胛骨周围）

步行拉伸

Walking Stretch

——边走边拉伸——

通过直立拉伸运动将肌肉练得柔韧之后，接下来进行边走边拉伸的动态拉伸训练吧。做过动态拉伸训练后，柔韧的肌肉在实战中会更加灵活自如。这组动作的要点是，要有意识地缩紧拉伸的肌肉和其反向的肌肉。每组练习的行进距离都要和边线间距相当（15米）。

注：此页所展示的动作，每走三步，换另一侧手脚重复动作，如此循环。

Menu 13

提足抱膝

双手抱住右膝并拉向胸部位置。左脚脚尖踮起，注意膝关节不要弯曲，上身不要后仰。
（抱住膝关节腿的臀部）

Menu 14

提足屈膝

右膝向后弯曲，右手抓住右脚踝拉向臀部。左手向上伸直，左脚脚尖踮起，注意膝关节不要弯曲。
（弯曲方向的大腿前侧）

POINT 要点提示：

每一个动作都要好好保持

由于步行拉伸运动中有很多动作需要单脚站立，因此这项训练也很锻炼身体的平衡性。如果站立不稳的话容易导致脚踝扭伤。另外，在做这个动作时如果躯干不用力的话，上身就会前倾。所以保持好每一个动作进行训练吧。

Menu 15

弓步蹲转

右腿向前踏出一步后下蹲。上身向右侧扭转。然后转回上身，同时左脚并向右脚站起。
（后侧腿的大腿上部和侧腹）

Menu 16

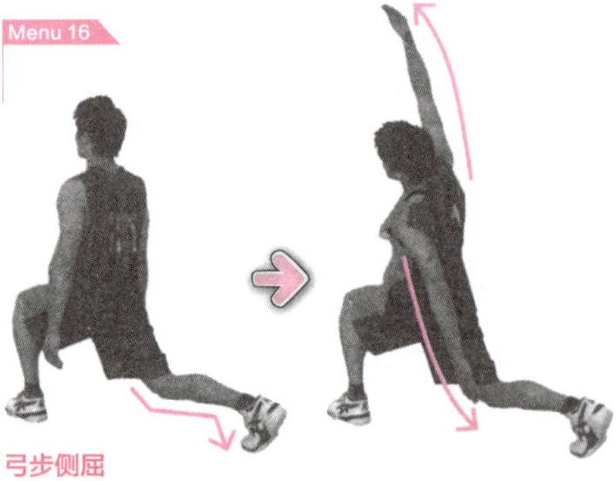

弓步侧屈

背向站立，与前进方向相反。右腿向后踏出一步下蹲。右手向正上方举起，上身向左侧弯腰。然后直起上身，左脚撑地站起。
（后侧腿的大腿上部及侧腹）

注：括号中指的是需要注意的肌肉。

Menu 17

侧弓步

面向前方侧站，双手前伸。左脚横向踏出一步下蹲。右脚向左移动，双脚距离缩短一半后站起。如此三次，换右脚重复。（大腿内侧）

Menu 18

交叉弓步

面向前方站立，右脚放在身体前侧，与左脚交叉，下蹲。站起时左脚平行移动。接下来右脚放在身后与左脚交叉。所有动作重复三次后，换左脚继续。（臀部侧面）

Menu 19

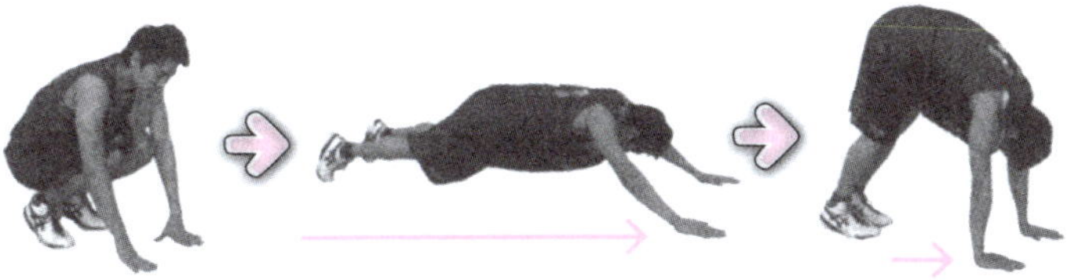

爬行

双脚并立前屈，两手撑住地面。双手慢慢前移并采取俯卧姿势。手臂尽量伸长后，脚慢慢向前方移动。同样的动作重复三次。（大腿内侧，身体正面）

Menu 20

蜘蛛式爬行

双手撑地，双腿大张，蹲下。手前伸，左脚稍稍后拉。保持这个姿势，并尽量向前伸出右手。片刻后向前伸左脚。左脚碰触左手的外侧，肩膀碰触膝关节。然后换另一侧手脚重复。每个方向做三次。（髋关节）

跳跃拉伸

Skipping Stretch

——灵活跳跃吧！——

在动态拉伸中，也有边跳边拉伸的动作。和边走边拉伸的动作相比，跳跃拉伸动作的速度更快，身体也因此更容易舒展开来。另外，其稍显复杂的动作也可以提高神经的反应能力。在时间紧迫的情况下，只做这个拉伸运动也能充分热身。这套动作要求大家不要注意某一处的肌肉，而要注重整体动作的流畅性。

每组练习的行进距离都要和边线间距相当（15米）。

Menu 21

前摆跳跃

以肩关节为中心大幅度活动手臂跳跃前进。髋关节的动作幅度也要渐渐变大。回来的时候采取后退的姿势跳跃。

Menu 22

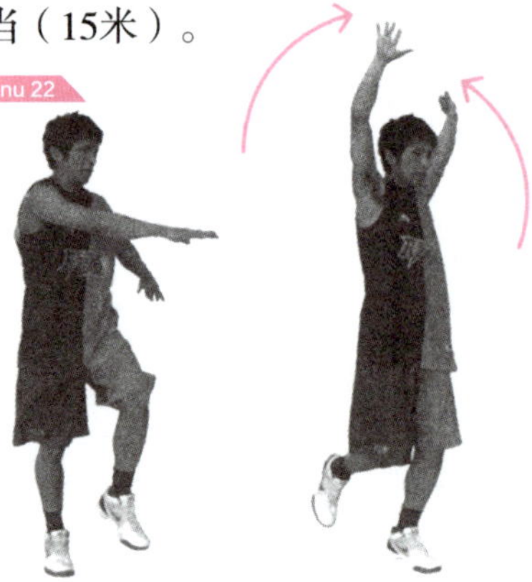

外摆转跳跃

左右手腕前后逆时针旋转，同时跳跃。

Menu 23

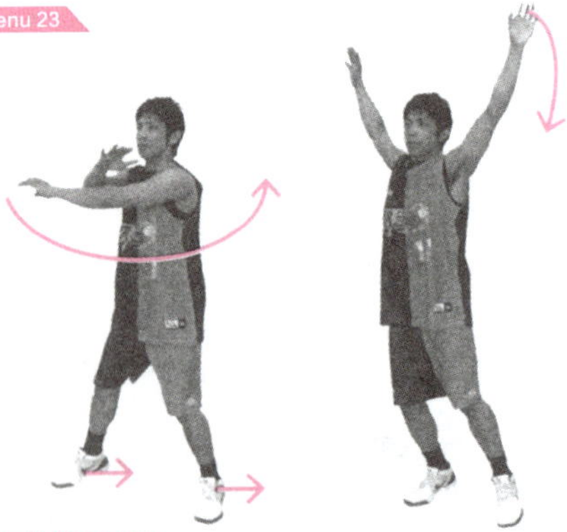

外摆转横向跳跃

手腕交替向内向外旋转，同时横向跳跃。

Menu 24

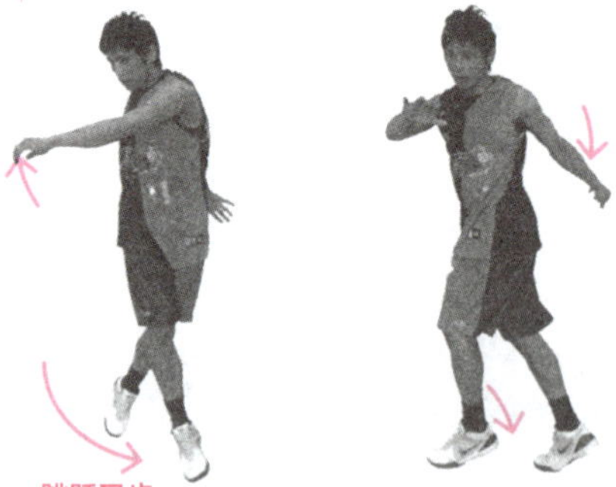

跳跃叉步

扭腰，同时双腿交叉跳跃，逐渐带动腰部扭转幅度的加大。特别要有意识地注意回来时的动作。

Menu 25

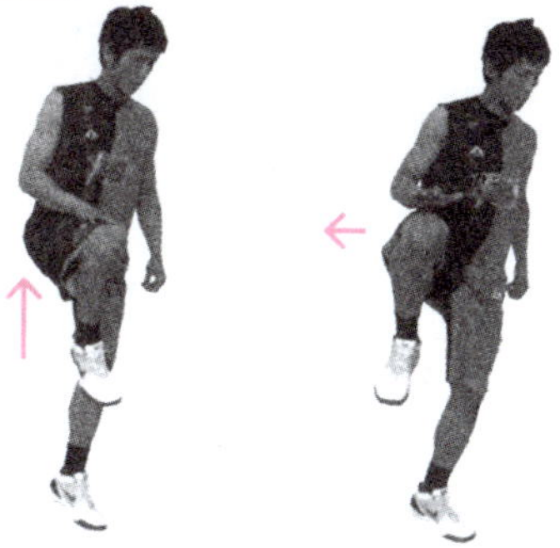

上外摆腿

以前、后的节奏跳跃，同时边抬高膝关节边前进。手腕大幅度活动，并在膝关节上抬的时候以手触膝。

Menu 26

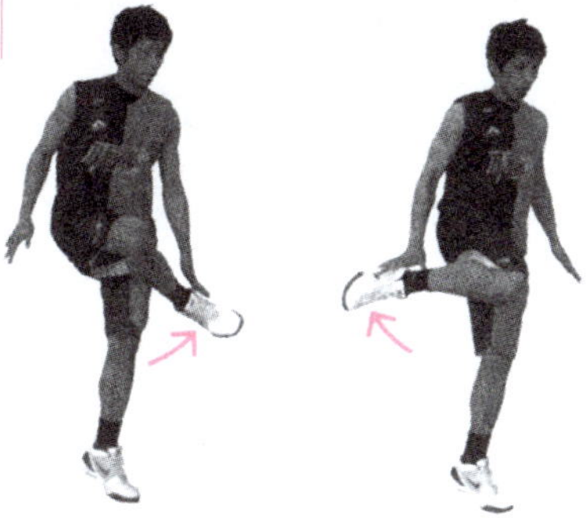

屈膝内外摆小腿

跳跃的时候，髋关节内外旋转前进。手腕要大幅度活动，旋转的同时以手触脚。

POINT 要点提示：

跳跃是提升弹跳能力的基本练习

跳跃是弹跳训练的初步阶段，也是被称为“增强式训练”运动中的一种。另外，手脚分别活动的练习是一种提高调节力（身体敏捷的能力）的协调训练。在这个阶段可以认为跳跃结合了基础训练和竞赛训练。

Menu 27

屈膝内外转髋跳跃

髋关节向内旋转，双脚横向前进。

Menu 28

屈膝外旋后跳

髋关节向外旋转，身体张开，向后前进。

Menu 29

展臂开合跳

手腕左右平放，双腿开闭，跳跃前进。

自我拉伸

Self Stretch

——放松疲劳的身体！——

热身时需要站着做拉伸运动，而训练后为了放松疲劳的身体，放松运动还是坐着做比较好。

为了充分拉伸肌肉，放松运动要比热身运动花费更长的时间，每个动作设定在20秒。如果时间比较充裕，或者是在家泡完澡的时候，建议每个动作做30秒。

Menu 30

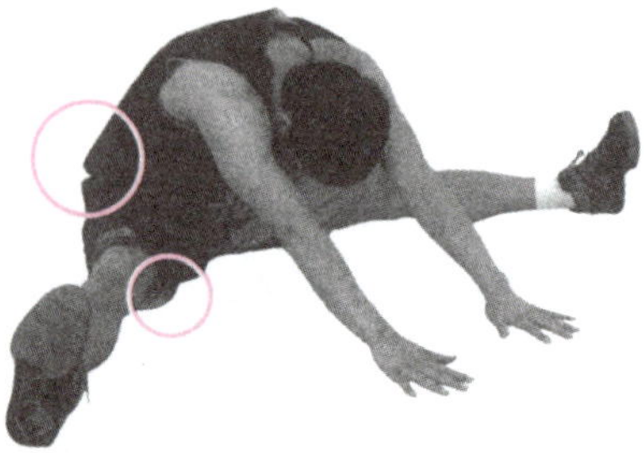

叉腿体前屈

两腿张开坐好，手掌触碰地面，上身前倾。
（大腿内侧、腰）

Menu 31

叉腿体侧前屈

单手抓住右脚脚尖，上身侧倾，身体比较僵硬的时候抓住脚踝也可。
（大腿内侧、小腿肚）
※反方向亦然。

Menu 32

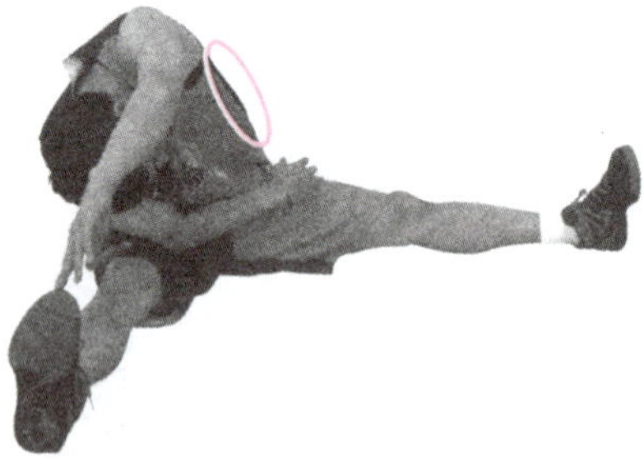

叉腿体侧侧屈

身体面向前方，左臂抬起，上身右倾，右手放在内侧。（侧腹）
※反方向亦然。

Menu 33

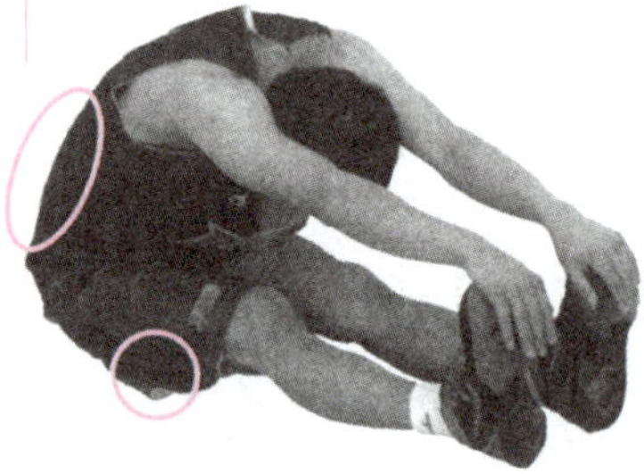

直腿体前屈

双脚并起，两手抓住脚尖。上身前倾。身体比较僵硬的时候抓住脚踝也可。
（大腿里侧、腰）
注：括号中指的是需要注意的肌肉。

Menu 34

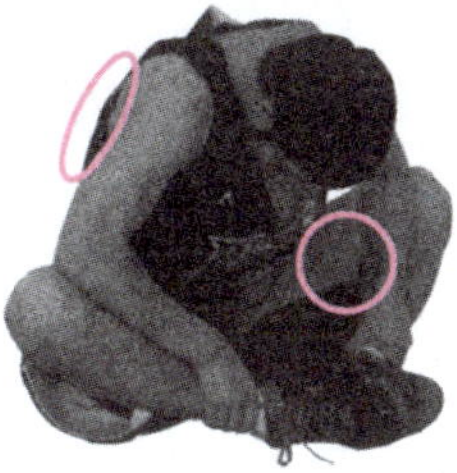

屈膝前屈

双脚脚心相贴，两手抓住脚踝。双肘压住膝关节，同时身体前倾。
（大腿内侧、腰）

Menu 35

屈膝抱腿

右脚横放在左腿大腿外侧，双手抱住右膝，拉向自己。
（臀部）
※反方向亦然。

Menu 36

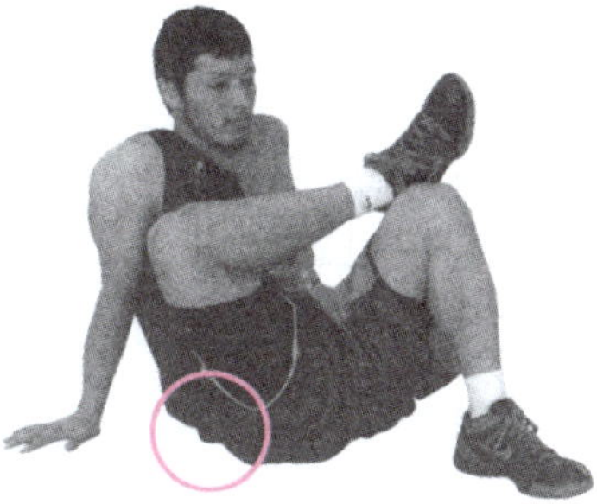

“4”字之姿

两手放置身后，立起左膝。右腿大腿内侧靠近胸部。（臀部的侧面）
※反方向亦然。

Menu 37

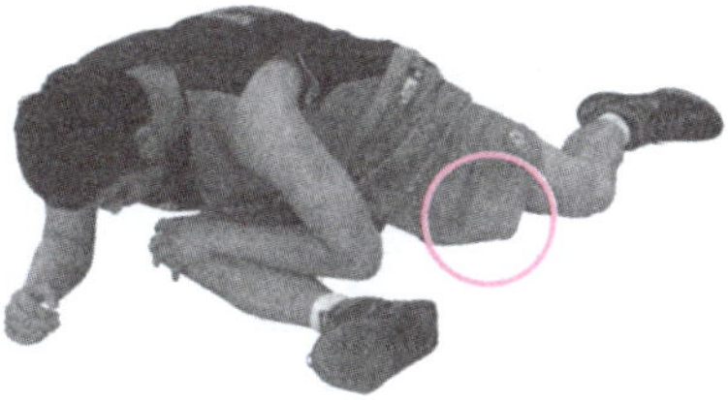

贴近地面

将立起的膝关节横放于地面，向前屈身。
（大腿内侧、臀部）
※反方向亦然。

Menu 38

小腿

以俯卧的姿势，将左脚放在右腿小腿上。屈膝的同时，脚跟靠近地面。（小腿）

POINT 要点提示：

花些时间放松吧

在时间比较充裕的时候，建议使用下面列出的（第8页和9页介绍的）站立拉伸运动充当放松运动。

- menu 6 交叉步体前屈
- menu 7 单足屈膝
- menu 10 肩关节拉伸
- menu 11 体侧拉伸
- menu 12 胸&体后屈

只有花些时间做放松运动，才不会拖着疲惫的身体参加第二天的训练或是比赛。

辅助拉伸

Partner Stretch

——不易拉伸的肌肉就两人一组进行！——

辅助拉伸可以拉伸到自己拉伸不到部位的肌肉，是适应性很高的拉伸运动。但是这个训练比较耗费时间，可能无法每天结对训练。

在（第14页介绍的）自我拉伸中拉伸不到的部位，可以用双人拉伸进行补充拉伸，这也可以算是一种导入双人拉伸训练的方法。另外，在练习时间很充裕的周末，或是练习强度比较高的时候，进行双人拉伸训练也是很不错的选择。

Menu 39

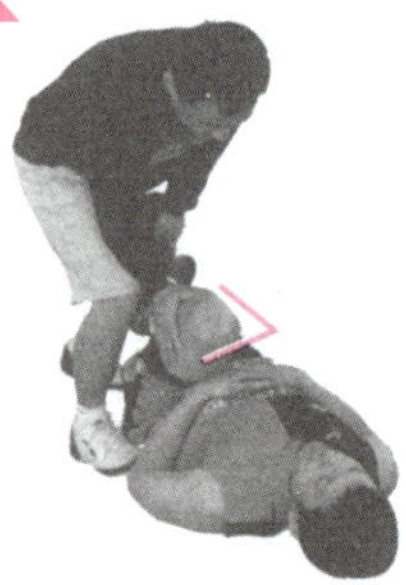

臀肌

以左膝压住对方的脚部内侧，同时双手抓住对方的左膝下压，拉伸大腿根处。

Menu 40

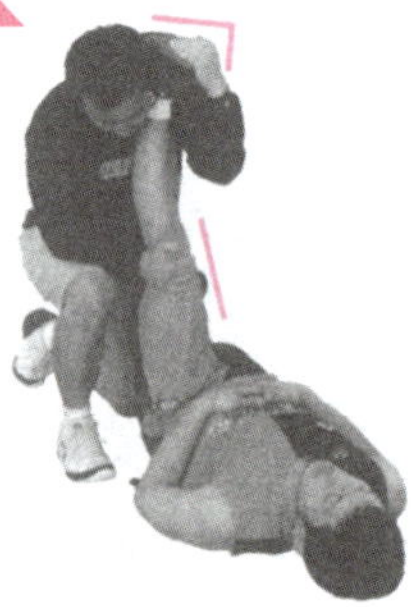

小腿

右手支撑住对方的左膝不让其弯曲，左手抓住对方脚尖弯曲脚踝，拉伸大腿内侧，注意腰部不要动。

Menu 41

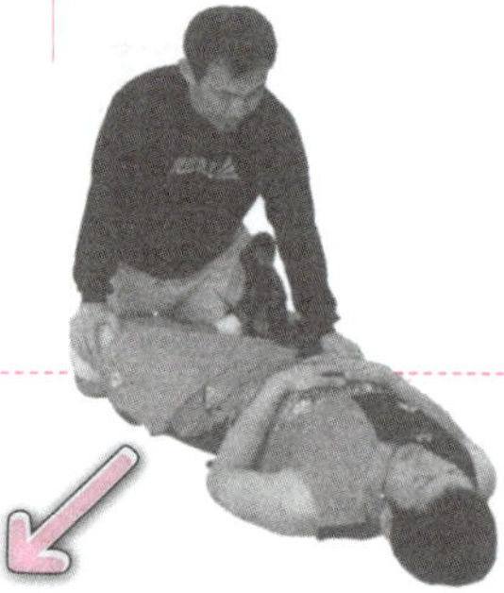

大腿内侧①

将对方的左脚放在右侧的大前腿，左手压住对方的右侧腰骨。右手压住左膝，拉伸大腿内侧的肌肉。

Menu 42

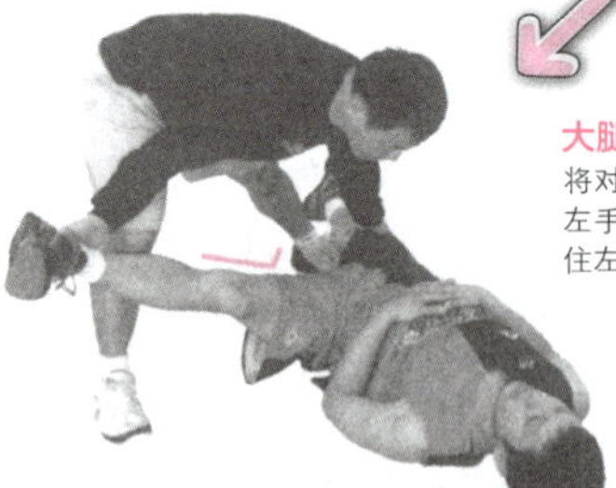

大腿内侧②

左脚固定住对方的右脚，抓住对方的左脚脚腕并向外打开，拉伸大腿内侧的肌肉。

Menu 43

IT带[1]

左脚固定住对方的右脚，抓住对方的左脚脚腕向内侧扭转，拉伸大腿外侧至臀部间的肌肉。

① 即髂胫束。

Menu 44

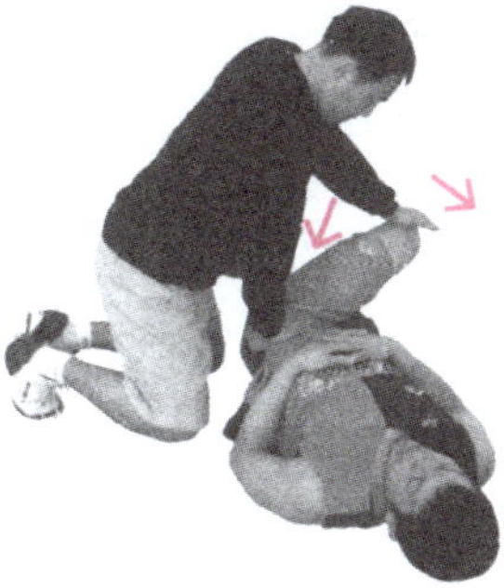

臀中肌

右手压住对方左侧腰骨，左手压住膝关节，横向拉伸臀部肌肉。重点是不要使对方的腰部离开地面。

Menu 45

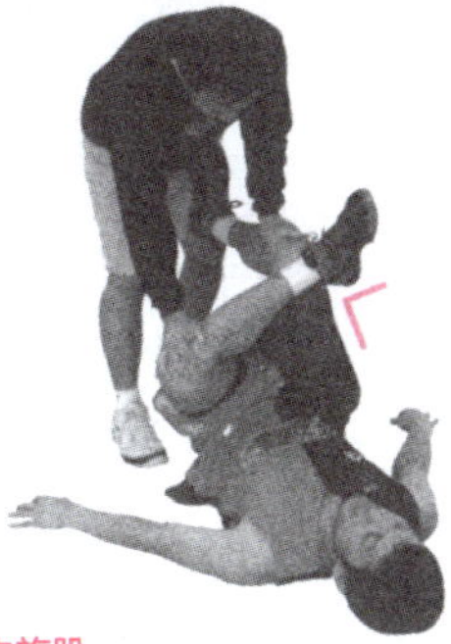

内旋肌

左脚放在右侧大腿上，双腿交缠摆出“4”字形。右手压住对方的左膝，左手压住右膝，拉伸臀部侧面至大腿侧面的肌肉。

POINT 要点提示：

千万不忘记还要交换双腿做这些动作！

双人拉伸从menu39（臀肌）做到menu45（内旋肌）后，就要交换双腿重复上述动作。然后继续进行menu46外旋肌的练习，到menu48髂腰肌结束以后，再交换双腿重复动作。

Menu 46

外旋肌

让对方俯卧，右手抓住对方的右脚脚腕。膝关节保持弯曲的姿势，脚向外侧倒。

Menu 47

股四头肌

左手抓住对方的右脚折向臀部，尽量使脚跟碰到臀部，拉伸前腿。

Menu 48

髂腰肌

右手压住对方右侧的臀部，左手抬起右膝，拉伸大腿上部的肌肉。

髋关节&肩胛骨

Hip Joint & Shoulder Blade

——为了动作更灵活——

在篮球运动中，肩胛骨和髋关节的柔韧性是非常重要的。髋关节如果柔软，篮球中的所有动作就都可以轻松完成。另一方面，髋关节到肩胛骨间的肌肉是牵一动百的关系，就算其中只有一部分肌肉比较僵硬，也会造成整体动作的不流畅。因此，我们在提高各个部分肌肉柔韧性的同时，综合锻炼髋关节和肩胛骨周围的肌肉也是非常有必要的。

Menu 49

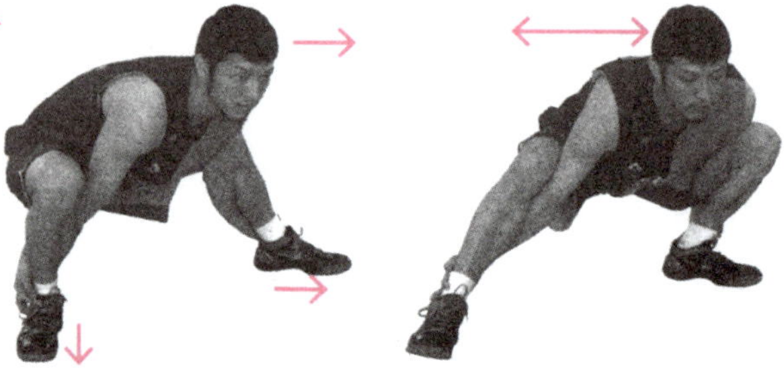

弓步移动（横向移动）

脚尖朝外，左右大幅度打开双脚。腰部下落的同时，将手绕至大腿内侧并碰触脚跟。重心保持平行移动，左右来回10次。

Menu 50

横叉摆动（前后移动）

膝关节伸直，双脚左右大幅度张开。双手放在身体的前侧，手掌撑地，保持脚尖朝上姿势，向后拱腰直到快要后倒，然后向前移动。向前时膝关节稍稍弯曲，以腹部触地之姿，将腰部下压。此动作重复10次。

注：如果腰比较痛的话，请不要做这个动作。

Menu 51

同侧爬行

双脚前后张开，且前脚脚跟要放在比膝关节靠前的位置。右手臂放在大腿内侧，使肩膀横置在膝关节附近。然后维持这个姿势，前后左右内外旋转各5次。双腿交换做此动作。

Menu 52

仰卧体转

两人一组，一人仰卧，两手手臂紧贴耳朵，做出欢呼的姿势。搭档用双膝固定对方的手肘，压住对方的肩胛骨。接下来，抓住对方一条腿与另一条腿交叉，扭转对方的腰部。搭档一手压住对方一边的肩胛骨，一手压住对方的膝关节进行拉伸，然后有节奏地压住对方的膝关节活动。接下来的动作，要求运动员两脚向上，双膝呈90° 弯曲，腰部左右扭动10次。搭档要按住对方的肩胛骨，以防对方的肩离开地面。

注：如果肩膀比较痛的话，请不要做这个动作。

Menu 53

俯卧体转

两人一组，一人俯卧在地。手掌朝上，手肘成90° 弯曲，搭档按住对方手肘。接下来的动作，要求运动员将膝关节弯曲90°，并保持这个姿势左右扭转腰部10次。注意，此时两膝并拢，完成转体动作。

注：如果肩膀比较痛的话，请不要做这个动作。

Menu 54

蝎式体转

两人一组，一人俯卧在地。单脚以交叉之姿扭腰。此时搭档单手按住对方肩膀，另一只手抓住对方大腿，帮助其扭腰。

注：如果肩膀比较痛的话，请不要做这个动作。

专栏2

僵硬的身体与生俱来?

有人说：“僵硬的身体与生俱来，爹妈也好亲戚也罢全都很僵硬。”确实，就像赛马的血统差异会导致肌肉的质量不一样，人类肌肉的质量也是参差不齐的，多少和遗传有些关系。所以身体生来就比较僵硬的人，在我们中间也是存在的吧。但是人类可以通过自身的努力使自身的肌肉变得柔韧。提高柔韧性，拉伸是关键。但也有人说“不管再怎么拉伸，身体还是没有变柔软”。遇到这种情况，我们有必要调整一下拉伸的时间。

为了使肌肉变得柔韧，拉伸运动的时间必须要维持在60秒以上。因此，如果进行10种拉伸，每个都要做60秒的话，就需要花费10分钟。再加上还有左右不同方向的区分，实际上训练可能会花20分钟。由于一般的中学生和高中生不会有那么充足的练习时间，因此大概不会花那么长的时间来做热身和放松运动。

本书所列出的拉伸运动，热身类每个动作10秒，放松类每个动作20秒。热身时做的拉伸运动，是为了使身体能够更好地活动，而在放松时做的拉伸运动，则以消除身体疲劳为目的。因此，只做热身和放松时的拉伸运动并不能说就足够了。为了使身体更加柔软，也需要在自己家中花些时间。

为了使身体的柔韧性更好，拉伸运动还有一个要点。身体真正僵硬的人，能做好站立姿势的拉伸运动就已经非常不易，难以完成自我拉伸式。对于身体僵硬的人来说做拉伸运动是很痛苦的，也因此就会陷入一种越来越做不了的恶性循环。针对这类人笔者推荐双人拉伸运动。在放松的状态下，让搭档协助拉伸自己的肌肉，以此达到放松的目的，这是非常好的体验。通过这样使身体感受到肌肉舒缓伸展的感觉，从而改变自身对拉伸的坏印象，这样的话以后大概自己也做得了拉伸运动了吧。不管怎么说，最终还是得靠自己才行。

第2章

重视训练的基本，练成状态稳定的身体！

Stretching

篮球运动中要求球员能在激烈的运动中瞬间急停，
并采取正确的动作。
投篮、运球和传球，不论哪个动作，身体的稳定感都是关键。
为了可以保持稳定的平衡，使每个动作正常发挥，
向着有效的训练前行吧！
为参加重要训练和比赛做好拉伸！

腹式呼吸

Draw In

——腹横肌的意识训练！——

提到“躯干”这个词，人们首先想到的大概会是躯体的另一种说法。但是最近，躯干被认为是以作为腹部内的“腹横肌”为中心，包含髋关节、肩关节的躯干部分的总称。

即使是在躯干的肌肉中，腹横肌的作用也是很重要的。但由于其位于身体深处，因此很难被注意到。由于腹横肌与呼吸的关系也比较紧密，我们可以利用这一点来进行腹式呼吸的训练，从能够意识腹横肌的练习来开始训练吧。

Menu 55

腹式呼吸

呼吸的方法是，从鼻吸气再从嘴呼气。吸气的时候腹部会鼓起，呼气的时候腹部则会凹陷。仰卧，一手放在腹部，一手置于胸前，注意不要采用胸式呼吸法。
使用腹横肌呼吸时，虽然呼气时腹部下陷，但在刚开始练习时，还是尽量使腹部鼓起来，这样比较容易意识到腹横肌。
顺便提一下，胸式呼吸在吸气时，胸部会膨胀，但腹部凹进去；而吐气时胸部会凹陷，腹部却会胀起来。

检查事项 1

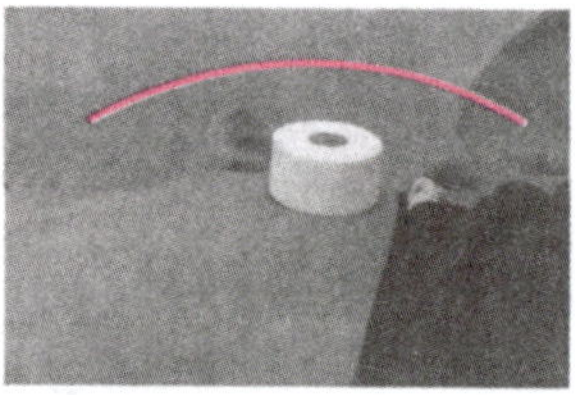

腹部在凹陷下去的时候，有人会出现腹横肌无力，腹直肌用力的情况。这种情况下，可以将运动胶带放在腹部，这样就可以知道腹部是否鼓起。

Menu 56

仰卧腹式呼吸

在掌握了腹式呼吸后，呼气时使用腹横肌，让腹部尽量凹陷。腹横肌用力，维持5秒，重复5次。

检查事项 2

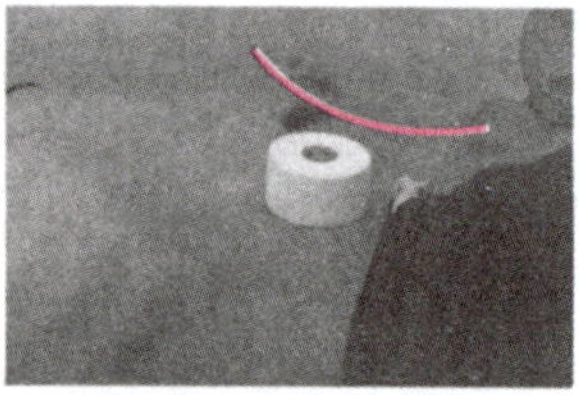

有人会出现肩部附近用力的现象。这种时候可以试试在腹式呼吸的状态下，念一念自己的名字。如果只是腹横肌用力的话，可以很流畅地说出自己的名字；如果是其他部位用力的话，再怎么用力也无法说出自己的名字。

升级动作

腹横肌是围绕腹部一周的腰带形状的肌肉。因此，运用腹横肌使腹部凹陷时，要让腰部整体变窄。试试看这么使用腹横肌吧！

Menu 57

跪式腹式呼吸

四肢着地，呼气时腹部凹陷，腹横肌用力，维持5秒，重复5次。意识到腹横肌后，试着虚抬起一只手和一只脚。手脚运动的瞬间应该可以清楚地感受到腹横肌的活动。跪趴时由于内脏的重量会伴随有腹部下坠感，因此会有意识地抬起腹横肌，从而比仰卧时更容易意识到其存在。

▲采取跪趴的姿势

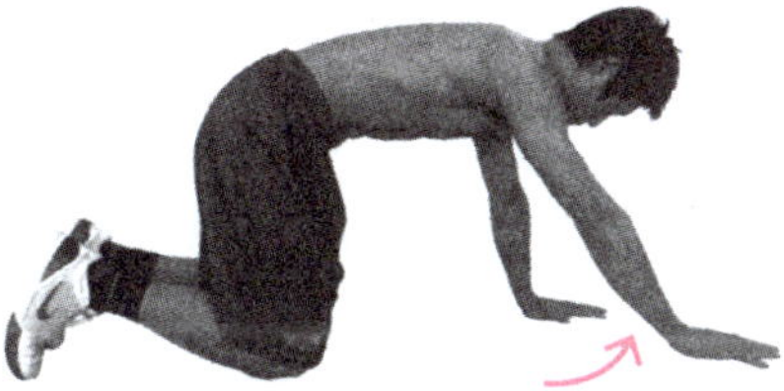

▲手虚抬，感觉腹横肌

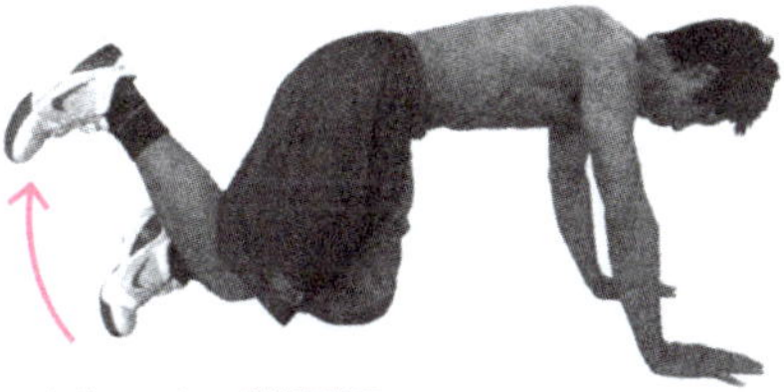

▲虚抬一只脚，感觉腹横肌

POINT 要点提示：

要进行多方位练习！

实际上，名叫“腹肌”的肌肉是不存在的。它其实是腹直肌、腹内斜机、腹外斜肌、腹横肌四种肌肉的总称。同样也没有所谓的“背肌”，它其实是竖脊肌和背部其他肌肉的总称。各部分的肌肉通力合作，才可以使躯干弯曲、伸直、扭转。因此，躯干的训练不应该只锻炼一个方面，同时必须要进行多方位的练习。

腹横肌

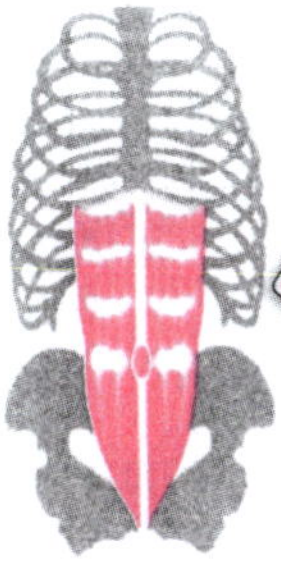

腹直肌

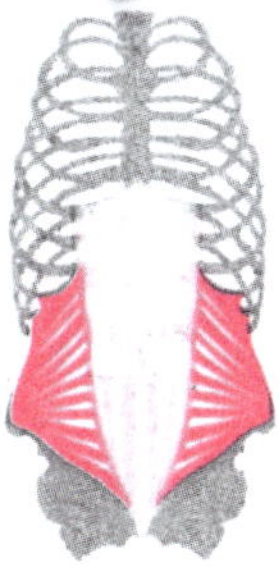

腹内斜肌

腹外斜肌

POINT 要点提示：

为了锻炼出稳定的身体，要意识到腹横肌

腹横肌据说是人在活动时最先用到的肌肉。因此如果能够顺利运用腹横肌的话，失去的平衡就可以尽快修复。也就是说，要想获得一个状态稳定的身体，腹横肌的强健是不可或缺的。

支撑练习

Pillar Exercise

——变得可以维持姿势——

“Pillar”是指支柱的意思。这个练习需要使用包括髋关节、肩关节在内的躯干部分的肌肉，是为了维持姿势而进行的练习（参照下图）。这个练习的关键是意识到腹横肌。其次，在俯卧时，要注意不要仅仅使用肩关节和手臂的力量，这一点也是很重要的。如果不能意识到腹横肌，手肘和肩关节以及腰部的负担就会加重，也无法维持正确的姿势。

本章介绍的练习，开始训练时保持30秒，然后每次延长10秒，最终目标是可以维持60秒。

Menu 58

平板支撑

俯卧，以两肘和双足支撑身体。双足并拢。从侧面看，手肘应在肩膀正下方。然后下颚内收，头、肩和腰成一条直线，与地面平行。

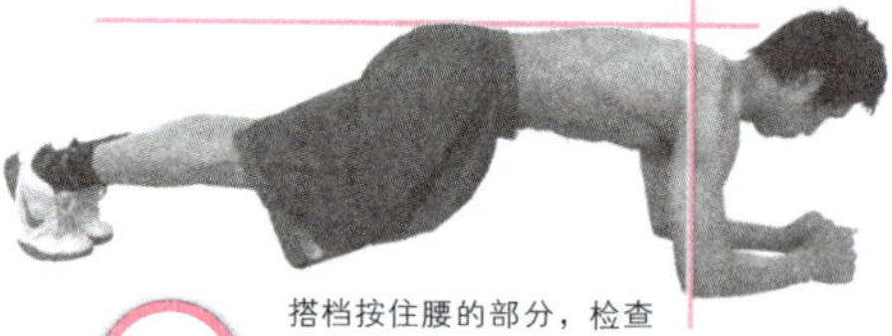

NG

臀部拱起，背部弯曲，腹部下坠，腰部下弯。

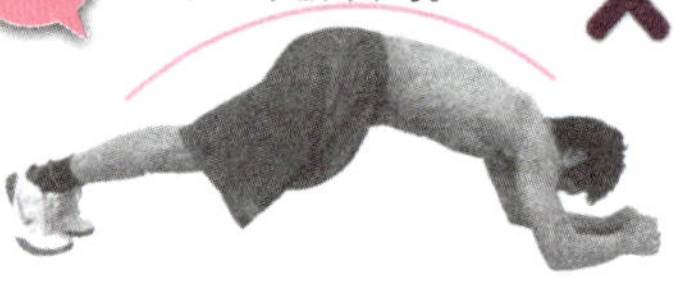

▲背部弯曲

检查事项

搭档按住腰的部分，检查其腹横肌有无用力。如果仅用手臂的力量支撑身体，那么在被按住腰部时动作将不能维持。

▲腰部下弯

NG

▲腰部横侧移动

▲单手抬起

升级动作

双脚稍稍分开，单手抬起伸直，横放在耳朵旁边的位置。这个姿势保持20秒。开始做这个动作的时候，腰部会扭动，或者向横向移动，这时需要搭档支撑住腰部，以避免腰部活动。

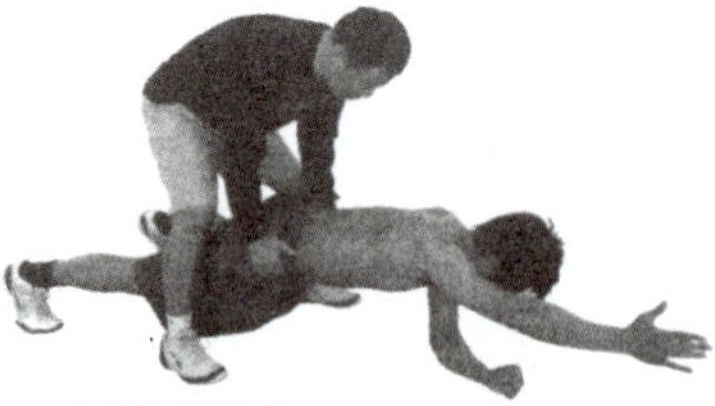

▲让搭档支撑住你

Menu 59

侧向平板支撑

朝向侧面，以手肘与脚的外侧支撑身体。脚尖向身体牵引，脚踝呈90° 弯曲。挺胸，上侧的手放在腰侧。从前面看，手肘应该在肩膀的正下方。从上面看，头、肩、腰和脚踝应该在一条直线上。

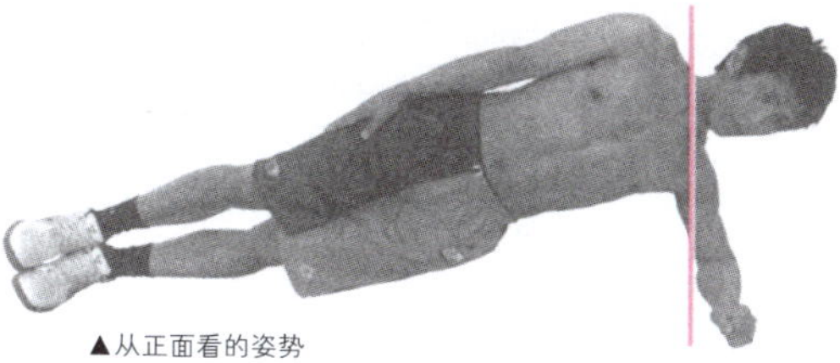

▲从正面看的姿势

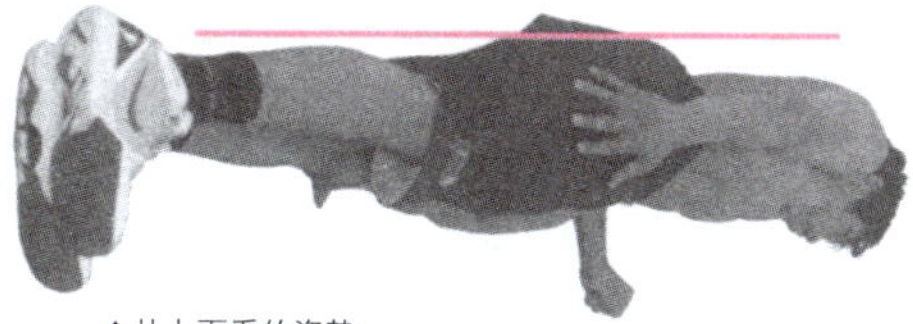

▲从上面看的姿势

NG 腰部下沉，小腿碰地。从上面看腰部呈“く”形弯曲。

▲小腿触及地面

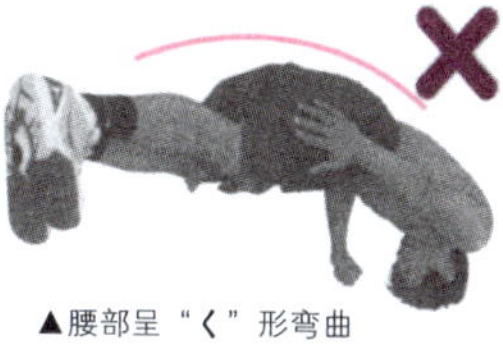

▲腰部呈“く”形弯曲

升级动作 上面的脚抬起，与地面平行。保持此姿势20秒。

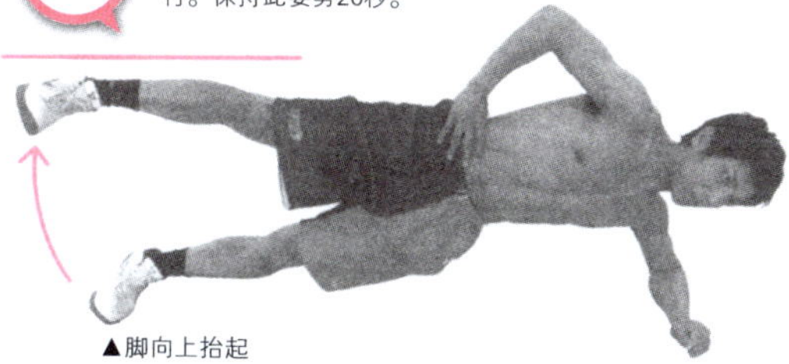

▲脚向上抬起

Menu 60

背桥支撑

仰卧，腰部浮起，以两侧肩膀及双脚脚跟支撑身体。脚尖朝上，膝关节呈90° 弯曲。意识到臀部肌肉，肩、腰、膝关节呈一条直线。双足并起，使双膝不会分离。如果有意识地收缩肛门，这个动作做起来会更容易。

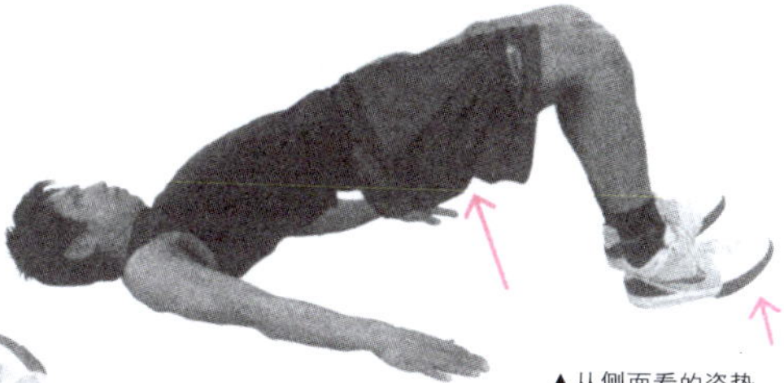

▲从侧面看的姿势

升级动作 伸直一只腿的膝关节。保持此姿势30秒。

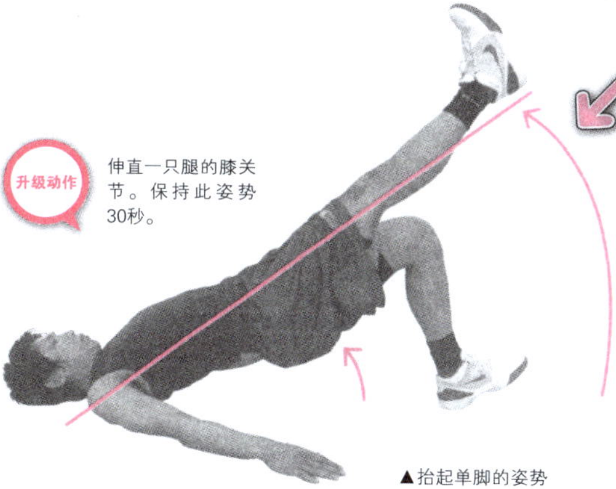

▲抬起单脚的姿势

检查事项

外人很难看出姿势的不正确性。由于有些人不是用臀部肌肉，而是用腰部肌肉支撑，所以搭档需要碰触对方臀部的肌肉（肌肉是否绷紧）来检查对方的做法是否正确。

卷腹系

Trunk Curl

——接下来锻炼腹部吧！——

“Trunk”就是身体的意思。卷腹系的训练也就是不断进行屈体的训练。像这样下半身固定上半身动作的练习，尤其可以给予腹直肌（腹部）上部以集中的刺激。另外，这组训练由于不需要使用脊柱上的肌肉使髋关节弯曲，因此对于患有腰痛的选手来说也是非常有效的练习。

Menu 61

仰卧卷腹

双手放在胸前交叉，膝关节弯曲仰卧。在肩胛骨离开地面时都要保持曲背姿势，眼睛要可以窥视到肚脐。恢复仰卧姿势时，动作要缓慢。

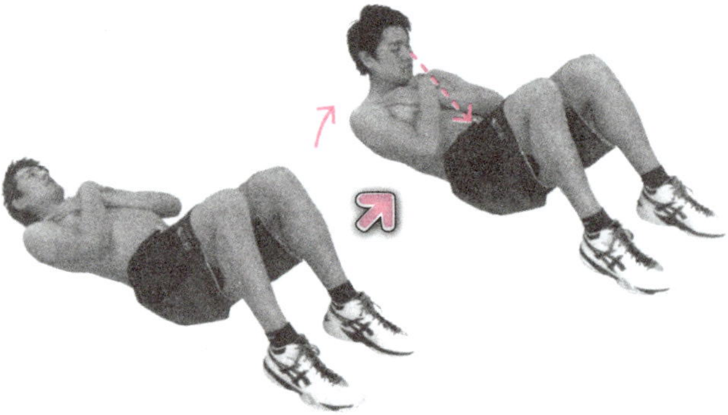

Menu 62

抬腿卷腹

仰卧，双手置于耳边。脚踝、膝关节、髋关节全部呈90° 弯曲，且双脚浮在空中。在肩胛骨离开地面时都要保持曲背姿势，眼睛要可以窥视到肚脐。恢复仰卧姿势时，动作要缓慢。

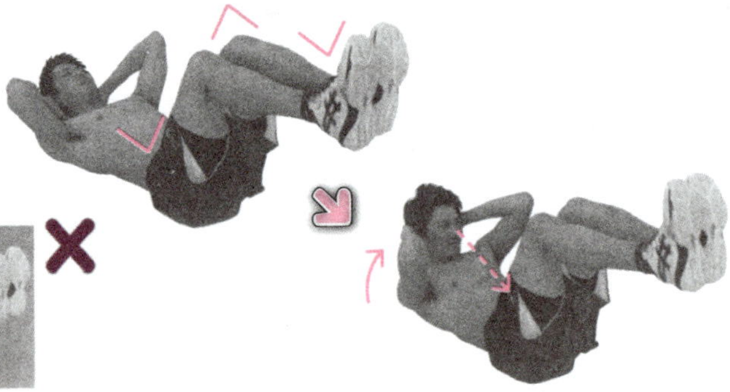

NG

上身离地太远。

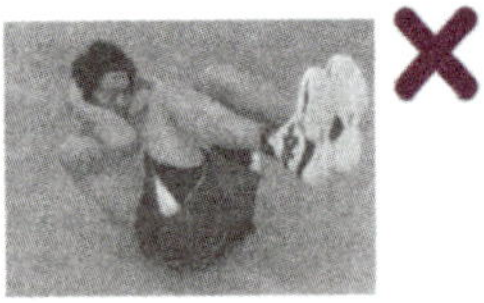

Menu 63

触足坐起

仰卧，双脚抬起膝关节伸直。双手伸向前，上体起立，使手指尖触碰到脚尖。由于肩膀需要前伸，身体僵硬的人可能无法做好这个动作，但还是要有意识针对腹直肌（腹部）练习吧。

仰卧起坐系

Sit Up

——让腹部变得更强劲吧！——

“Sit Up”就是坐起的意思。是比前文介绍的卷腹系起立幅度更大，更能锻炼腹直肌（腹部）的练习。为了使上半身能起得更高，与髋关节相连的脊柱肌肉也要一起运用。因此如果不能够顺利使用腹横肌的话，就会给腰部周围带来负担。为了不引起腰痛，一定要注意使用正确的方法进行训练。

Menu 64

仰卧起坐

膝关节弯曲仰卧。双手置于耳边，头部、背部、腰部依次蜷曲坐起，手肘应碰触大腿。恢复仰卧姿势时动作要缓慢。按照手在身体侧面、胸部前方、头部的顺序强度依次加大，因此训练应根据个人的水平进行调节。

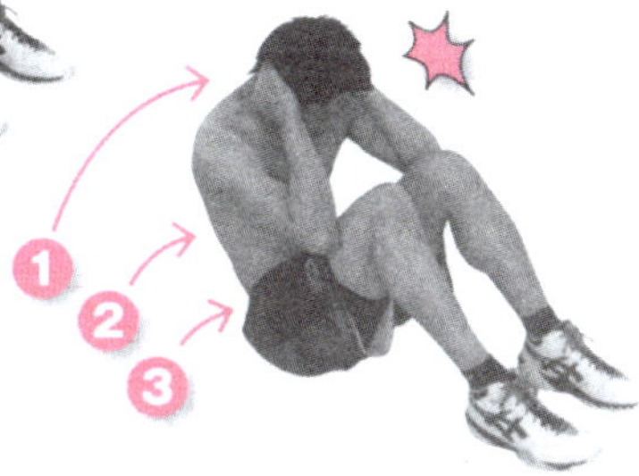

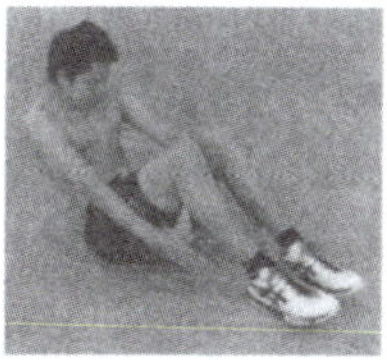

手在身体侧面。

或

手在胸部前方。

Menu 65

仰卧直腿两头起

拉伸双手双脚，仰卧。手脚维持伸直的姿势折叠身体，尽量使手可以碰触到脚尖。即使手碰不到脚尖也并不代表体力不强，很多人是由于身体使用方法不当的缘故。身体折叠的时机要把握好哦。

NG

只有脚部抬起，上身却纹丝不动。

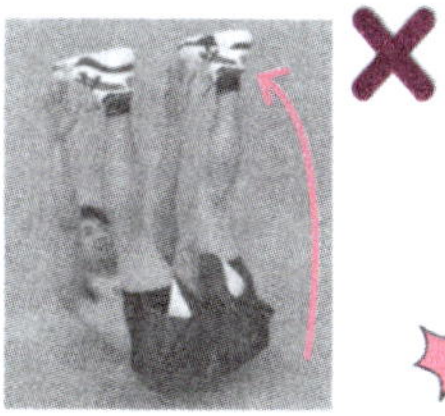

POINT 要点提示：

仰卧起坐对于提高弹跳能力也是很有效的

由于此练习容易引起腰痛，仰卧起坐在一个时期里不怎么受人欢迎。但是如果是在腹横肌可以有效使用的情况下，那么安全的仰卧起坐训练是完全不成问题的。另外，在实际的运动中，由于腹肌和髋关节弯曲时的肌肉都被一并使用，因此仰卧起坐对弹跳力的效果也被重新认知。

抬腿系

Leg Raise

——也要关注下腹部哦！——

“抬腿系”的练习，正如字面意思，就是把腿抬起来的练习。上半身固定下半身活动的运动尤其可以刺激到腹直肌的下半部分。腹直肌的下部对于下半身的稳定有着很重要的意义，但是由于此处的肌肉要比上面软弱，因此可能会有很多人感觉很吃力。但是这部分的肌肉对于一副强健的身体是不可或缺的，所以请大家有意识地训练腹直肌的下面部分。

Menu 66

仰卧抬腿

将手插入腰部与地面中间，仰卧。膝关节呈90° 弯曲，脚从地面抬起。膝关节靠向胸部，使臀部可以抬离地面。双脚回到地面时，注意腰部不要弯曲，要能目视肚脐。由于这个动作中膝关节需要靠近胸部，因此也被称为“膝至胸拉伸”。

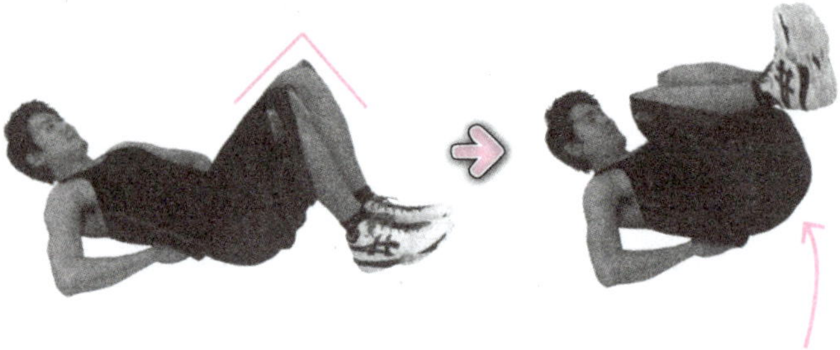

NG

背部也离开了地面，双脚踢向了斜面。

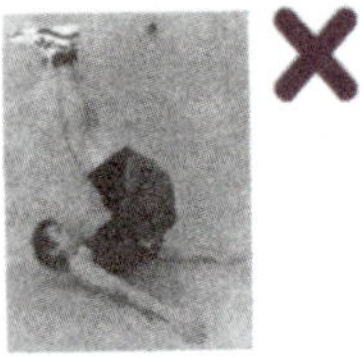

Menu 67

上踢腿

双手伸开仰卧。膝关节微微曲起，双脚向正上方抬起。只有臀部牵引向上，离开地面。双脚上踢到最高点停住。

POINT 要点提示：

一面适当调节负荷，一面进行训练

练习强度要根据次数和动作的数量进行调节。次数以10次为始，而后渐渐增加到15次、20次。动作的数量从1组开始，渐渐增加到2组、3组。另外，每章虽然都介绍了多种类的动作，但是由于越往后动作也越复杂吃力，所以请大家根据自己的水平有选择地训练。

Menu 68

腿全旋

双手张开仰卧。膝关节至脚尖部分伸直，双脚朝正上方。保持臀部虚抬的姿势，脚尖小幅度画圆，交替转换方向。如果臀部无论如何都无法抬起，用毛巾垫在臀部下面也可。

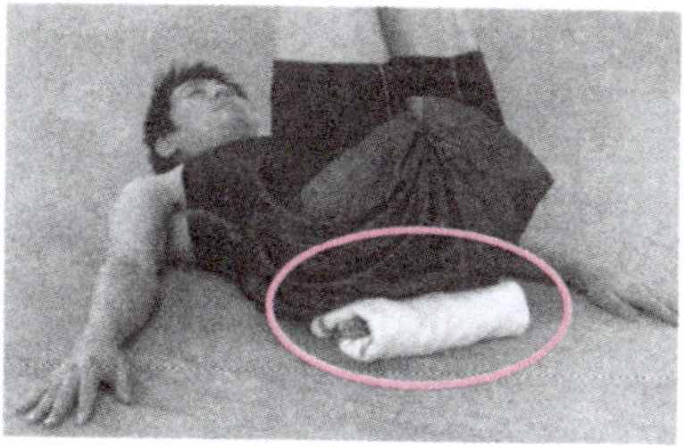

毛巾垫在臀部下面也可。

Menu 69

组合运动

双手张开仰卧。脚尖至膝关节部分伸直，双脚稍稍离开地面虚抬。双脚交替小幅度上下运动。然后保持双脚离开地面的姿势，尽量张开、并起双腿。最后，双腿开合时要交叉。注意腰部不要活动，双眼要一直可以看见肚脐。

开始

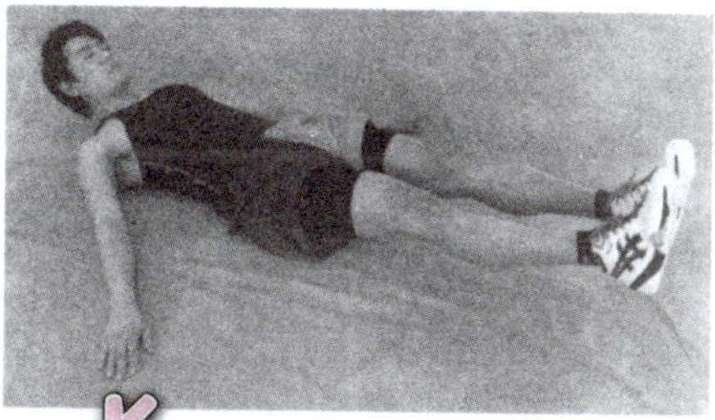

上下活动

双腿开合

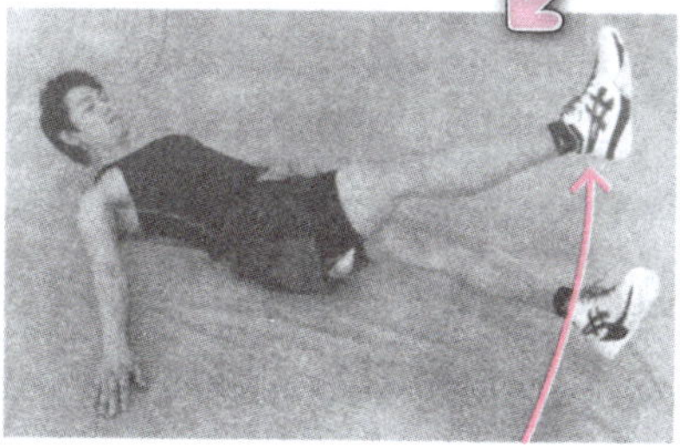

双腿交叉并起

POINT 要点提示：

正确选择训练项目，进行组合训练

我们来试着整理一下每天的训练组合方法。前文介绍的腹式呼吸和支柱运动是每天都需要练习的项目。另外卷腹系、抬腿系和后面将要介绍的体侧屈系，可以每天选一种练习。还有其他习惯了的项目各一种，再加上背肌的相关练习，建议每天进行6类项目的训练。

体侧屈系

Side Bent

——武装身体“横向”的强度！——

篮球是横向运动较多的竞技项目，比如在防守时使用的交叉步，以及精准投篮前的控球等动作。因此，拥有能够有效停止横向运动的身体练习，意即“侧屈”的训练，可以说是非常重要的。

另外，横向练习的动作具有容易出现左右差距的特征。因此，如果左右动作出现不协调的情况，那么接下来介绍的训练，多少可以帮助缓解这种情况。

Menu 70

体侧屈

朝向侧面，上面的腿弯曲，下面的腿伸直。然后上面的手轻轻抱住头的后面，下面的手放在腰侧。保持这个姿势尽量坐起，不要使用惯性，然后慢慢恢复到原动作。在不清楚用力方法导致坐不起来的情况时，可以试着用下面的手撑住地面坐起来。如果这样还是起不来的话，就让搭档帮助固定住脚踝和膝关节试试看吧。

▲做不到的话就用手撑住地面

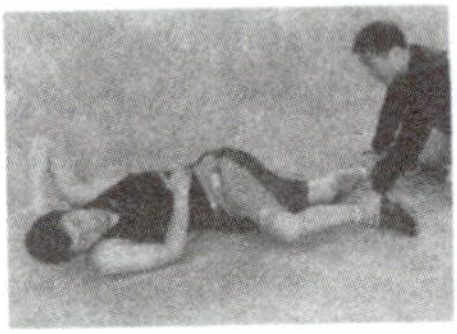

▲搭档帮忙固定的话做起来会容易些

Menu 71

侧腿抬臀

朝向侧面，利用手肘和脚的外侧支撑身体。上面的手抓住下面手的手腕，身体保持平衡。腰部稍微弯曲，以便能窥视到肚脐，同时腰部尽量上抬。恢复原来姿势的时候动作要缓慢。

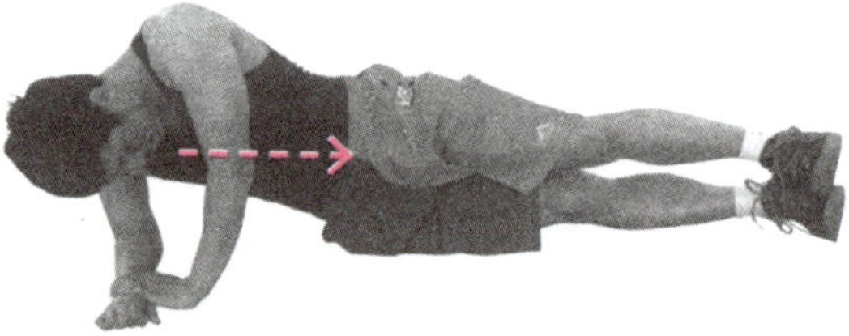

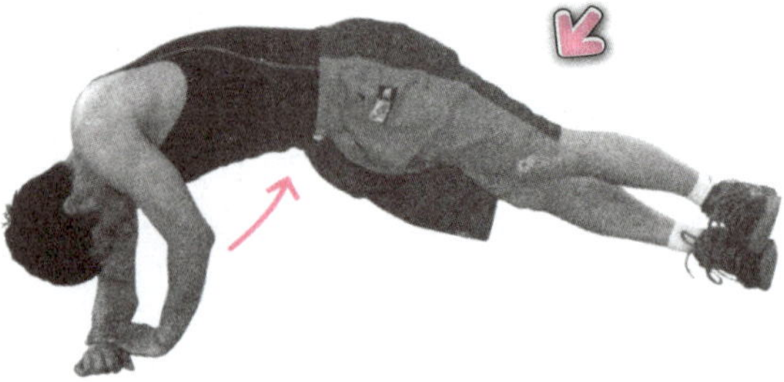

扭转系

Twist

——扭转动作也一起来吧！——

在篮球运动中，经常会有各种情况需要“扭转”动作。那个瞬间使用的大都是髋关节和肩胛骨的动作。但我同样希望大家可以关注腰部，即“腹斜肌”的扭转练习。这个系列的练习并不只有扭转的动作，它同时也可以练习横向动作的稳定性。

另外，接下来介绍的扭腰系练习会经常运动到腹直肌，因此如果腹直肌处于疲劳状态下的话，训练将不会有任何效果。所以此项训练最好尽可能安排在一开始就进行。

Menu 72

扭腰卷腹

双腿盘起仰卧。腿在上侧方向的手放在腹部，另一只手轻轻抱住后脑。扭转身体，使抱住头的手肘碰触到上侧腿的膝关节。但是，不要想着扭转上半身，要抱着使肋骨靠近其对角线方向骨盆外侧的想法进行训练。

NG

上身起来的时候，放在腹部一侧手的肩膀离开了地面。

▲肩膀离开了地面

Menu 73

肘触膝

双手、双腿伸直，手掌朝上仰卧。以对角线上的手肘与膝关节靠近为准，扭转上半身和下半身坐起。反方向手脚动作相同。

背肌系

Lower Back

——也要注意锻炼身体的“后面”！——

由于篮球运动中前倾的动作比较多，背肌的负担很重。因此如果在训练时背肌使用过多的话，很有可能会引起腰痛。但是，背肌使用过度，也就代表这个部位的训练有必要强化。

这里说的背肌，是和臀部的肌肉和腿筋（大腿内侧）连动的肌肉，因此不要只锻炼背肌，要连着臀部的肌肉一起练习，这样才会减少身体的负担。

Menu 74

负重躬身

双手放在胸前交叉，挺胸。保持背部不动，臀部向后撅翘起，缓慢弯曲上身。在回复原来动作时，臀部和股二头肌要一起使用，慢慢直起上身。

NG 背部和腰部弯曲。

Menu 75

背部拉伸

膝关节跪地，搭档压住脚踝。双手放在耳边，上身向前倾。背部稍稍屈起，双肘并起。双肘打开的同时，上身渐渐起立至与地面平行。注意要用腹式呼吸法（腹部要凹下去），用臀部与股二头肌（大腿内侧）维持姿势。

NG 上身起得太过。

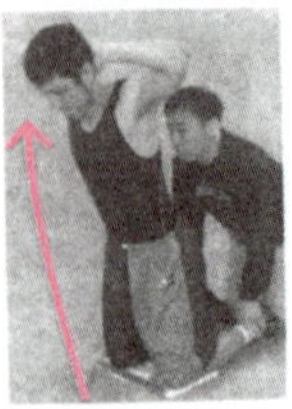

Menu 76

俯卧两头起

手脚伸直俯卧。放松，手脚虚浮于地面。不仅要使用背肌，还要运用肩胛骨周围的肌肉和臀部周围的肌肉。腰部挺直，有意识伸直手脚。对角线上的手脚抬起时，要注意适当调整左右的平衡进行训练。

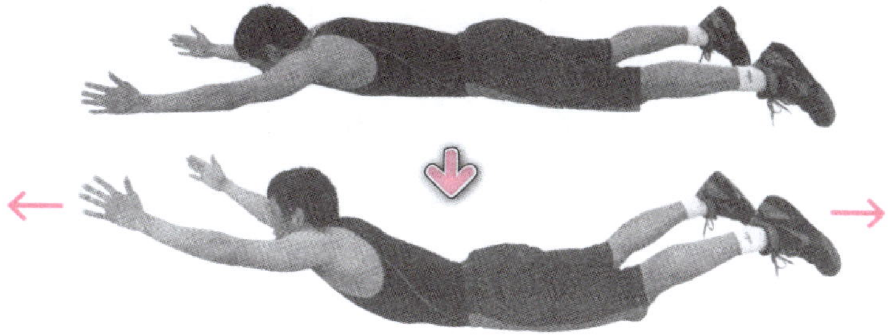

单手单脚抬起。

腰部过分弯曲。

Menu 77

伸手 & 抬腿

做跪式腹式呼吸的姿势，然后伸出对角线方向的手脚，大拇指朝上，脚尖伸直。腰部挺直，有意识地伸直手脚。然后屈背，对角线位置的手肘和膝关节碰触。这是一组左右很容易出现问题的练习，因此如果对这组动作不是特别擅长的话，多做做比较好。

腰部过分弯曲。

POINT 要点提示：

腹肌连着背肌，一起来练习！

腹横肌是腹部深层肌肉的一种，而背肌内部也有一种名为“多裂肌”的深层肌肉。多裂肌和腰痛的发生有一定的关系。很多人在腰痛时无法随心所欲地运用此处肌肉。人的身体内部确实存在因为意识不到导致无法锻炼肌肉。不过在进行背肌练习时，如果有意识地进行腹式呼吸（腹部凹陷），应该就能在此时运动到多裂肌。要有意识地和腹横肌一起运动哦。

专栏3

何谓“核心肌肉训练”？

六块条理分明的腹肌被称作“六块腹肌”，男性对六块腹肌都相当的憧憬（女性可能很难理解）。六块腹肌指的是靠近表层的腹直肌，别名“花瓶肌”。为什么会这么称呼呢？这是因为即使这个地方肌肉发达，躯干却未必同样强健。

我们都知道躯干的强健同竞技能力的高低有着很深的关系，所以从前说到训练，基本上就是腹肌、背肌（还有俯卧撑）等的练习。以前也有过每天1000次腹肌和背肌训练的时期。但是，伴随着体育科学的进步，训练的种类也愈加多样化，以前的那些训练也被认作是过时的训练，迎来了被遗弃的时期。不过最近，锻炼腹肌的训练摇身变为“核心肌肉训练”，再次引起了人们的关注。

核心肌肉训练和躯干训练的意义大体相同，不过这个“核心”是什么意思呢？翻阅词典，上面写道：“核心”或“中心”。也就是说，躯干训练，对于很多其他的训练而言也是核心一般的存在。也有一种说法认为核心指的就是腹部深层肌肉中的腹横肌，但作为表层肌肉存在的腹直肌也应该包含在核心的范畴里。而且，如果腹横肌得到了有效的锻炼，那么腹直肌就不再是单纯的花瓶肌，它会成为躯干强健的功臣。

由于生活方式的变化，再加上小时候玩耍内容的变化，与以前相比，我们躯体的力量似乎变弱了很多。一天1000次的练习虽然过于极端，但是我们也许还是要进行比以前更高强度的练习才行。为此，请大家按照本书所介绍的正确方法进行训练。

第3章
练成灵活、敏捷的身体！

Speed

和位置无关，
篮球要求各种快慢的速度。
快跑、前后左右快速移动，然后停顿过后瞬间出手。
这些动作能够一气呵成之时，
你的表现将会有跨越性提升。

冲刺

Sprint

——跑得更快吧！——

说到“速度”，大家脑海中浮现的大概会是跑得快（冲刺）吧。由于篮球运动的场地很狭窄，冲刺的能力中起跑速度和加速都是很必要的。因此，为了能更快起跑，首先我们有必要练习一下基本的身体使用方法。

另外在篮球运动中，不仅前倾姿势的起跑很重要，后退姿势的起跑也很重要。如果想掌握控制开场的方法，我们就来进行全力奔跑的反复训练吧。

Menu 78

3分线起跑

双腿前后伸开，后腿一侧的手触地，臀部抬起。前腿一侧的手肘向后伸直。前腿小腿前倾，头部放低，体重放在前腿。开始时注意身体不要浮起，尽量保持前倾的姿势。第一步踏出时可以近一些，但动作一定要尽量快。第二部和第三步时爆发加速。

▲预备时臀部下沉

▲起跑时上身浮起

POINT 要点提示：

要端正姿势起跑

首先，为了使重心落在更容易起跑的位置，前腿小腿一定要前倾。这点很关键。然后前倾一定使用前腿一侧的臀部腿筋，以前倒之姿迈出第一步。此时如果出现后脚没有后蹬导致打滑的情况，就说明身体的使用方法错误。另外如果迈出第一步时上身浮起，是因为使用了前脚大腿前侧的肌肉，导致膝关节伸直的缘故。

Menu 79

后转起跑

摆出与进攻方向相反的向后姿势。转身时以同旋转方向相反一侧的脚（照片里是右脚）为轴，转身的同时起跑。跨步一侧的腰下沉，以后倒之姿顺势起跑。也有双脚皆动、交替迈步的步法。

为轴一侧的脚不动的模式。

双脚皆动的模式。

Menu 80

罚球线冲刺

从端线起跑，冲刺至另一边球场的罚球线。在小组训练时，计时，每隔3秒出发。1列7～10人，运动和休息的比例为1:9。5个来回（共跑10次）为一组，每组训练相隔两分钟，共进行3组。由于每次奔跑都必须要用尽全力，在只有1人进行训练的时候，一定要保证充足的休息时间。

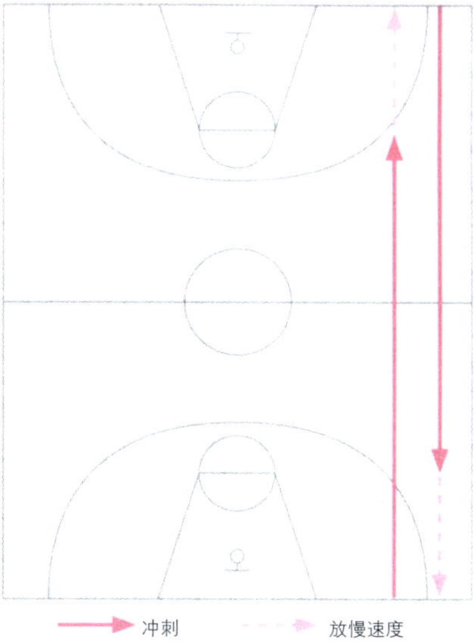

反应

Reaction

——反应来得更快吧！——

篮球运动中要求的速度不仅仅是跑步的速度，敏捷性也是很重要的。为了提高敏捷性，进行反应速度（reaction）、双脚移动的速度（foot-agility）和变换方向速度（change of direction）的训练是很必要的。

其中反应速度的训练可以从单纯的反应练习扩展到复杂的必要判断训练。

Menu 81

手打信号

两人一组，面对面站立。一人发出信号，一人做出反应。

单手

发出信号的人单手动作。一只手做动作，另一只手拍球。事先决定发信号的手。

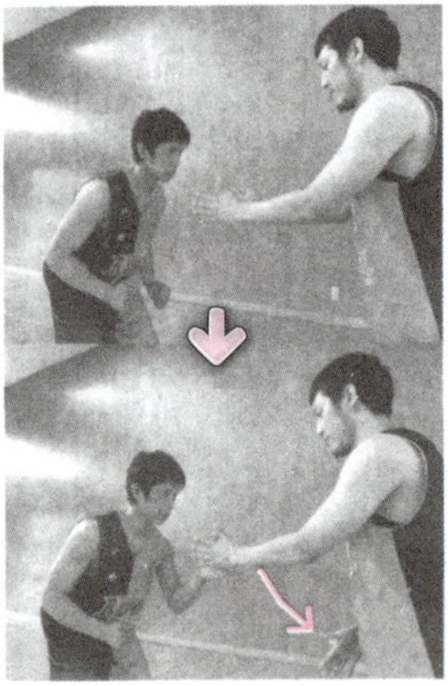

冲刺出手（选择性反应）

发出信号的人的手上下活动。在手动作的同时，按照上面的手下面的手的顺序拍打。（照片是右手在上的场合）

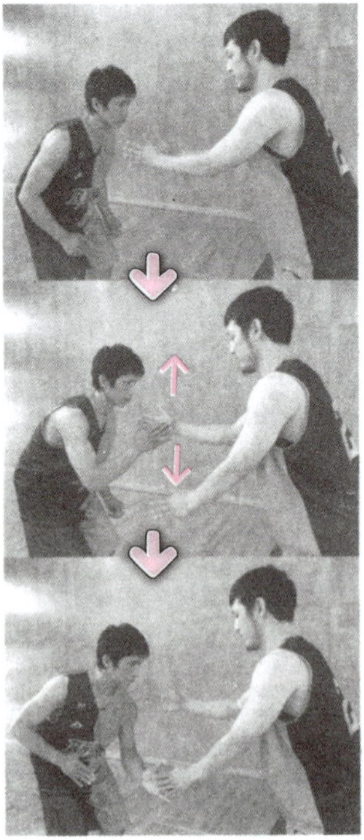

Menu 82

下坠球

一人将球置于身前站好，另一人将手背在身后，篮球落地之时快速伸手接住。

Menu 83

下坠球起跑

两人一组，一人站在端线，另一人持球站在5m开外处（罚球线距端线5.8m）。距离可以根据球员水平进行调节。

POINT 要点提示：

赛前热身时做这些动作也很有效！

单纯的反应训练，可以使大脑的命令能够更加顺利地传达到肌肉，在集中注意力方面非常有效。因此在比赛前的热身运动中进行当面反应的训练，也是很不错的。另外在篮球运动中，虽说判断要比反应更重要，不过复杂的反应训练对于判断力的养成也是很有帮助的。

正常姿势

持球的人将手肘抬至齐胸高度伸直。球落地时不要使用惯性，以免对方判断出方向。站在端线处的球员，摆出三分线起跑姿势，即刻行动，在篮球弹跳两次之前接住。

后转姿势

站在端线的球员背向站好。根据对手的暗号后转起跑，在球弹跳两次前接住。在需要判断的场合，注意到信号转身，如果篮球已经落下的话就起跑，没有落下就不要动。这也是一种行动模式。

双脚灵活

Foot Agility

——让双脚的运动更加随心所欲！——

由于篮球是在狭窄场地来回进行的攻防战，因此双脚随心所欲、灵敏快捷的活动是非常重要的。这便被称作“双脚灵活”。提高双脚灵活度的训练有双脚快速活动型和双脚快速移动型。双脚快速活动型可以利用运动馆内铺设的线进行训练。这个训练具有不需道具和不限人数的优点。

Menu 84 跳线

· 双脚前后跳跃

▲双脚前后连续跳线。

· 单脚前后跳跃

▲单脚前后连续跳线。
方向变换动作相同。

· 双脚左右跳跃

▲双脚左右连续跳线。

· 单脚左右跳跃

▲单脚左右连续跳线。
方向变换动作相同。

POINT 要点提示：

不是为了提高耐力，而是为了提高敏捷度

这章介绍的练习，时间方面请全部设置为运动10秒，休息20秒。使用秒表时，一个项目设定10秒。两人一组，一人在另一人训练时休息，这样可能会好些吧。虽然这项练习随着训练时间的拉长和休息时间的缩短会变得辛苦，但是请务必牢记这个练习的目的是为了提高敏捷性。

Menu 85 **跨线**

前前后后

站在线的后面。按照右、左的顺序单脚跨跳至线前，再按照右、左的顺序跨跳回线后。按照左、右的顺序跨线也可。

前后后

站在线的侧面。边扭腰边用左脚跨跳至线前。按照右、左的顺序跨跳回线后。右脚跨跳至线前。按照左、右的顺序跨跳至线后侧。

外外内内

站在线上。按照左、右的顺序单脚跨跳至线外，再按照左、右的顺序跨回。按照右、左的顺序跨跳也可。

单脚跳步

站在线上。双脚并起时右脚单脚跳跃，双脚张开时两脚同时跳跃。也可换成左脚先跳模式，或是两脚交叉跳跃。

POINT 要点提示：

去追求准确性和速度吧

双脚灵活的训练如果太过强调速度，动作就会变得复杂。那样的训练并不怎么受欢迎。但是，即便动作多少有些复杂，如果可以使身体记住如何快速运动，那多少也有些意义。也就是说，准确性很重要，速度也很重要。根据当天的训练情况来决定哪一项优先比较好哦。

POINT 要点提示：

不只是脚，手臂也要动起来！

本页介绍的练习，需要10个迷你盘。盘间相距50厘米。如果太在意地上的迷你盘，就容易只活动膝关节以下的部分，所以请有意识地从大腿上部（髋关节）开始活动。另外，不要把注意力只放在双脚的移动上，双臂也要一起挥动。如果有敏捷梯（梯状的训练道具）的话，也可以在敏捷梯上进行相同的跳跃练习。

Menu 86 快跑

背向站立。提腿后进，每个迷你盘间跳两步。分为右脚先跳和左脚先跳两种模式。

Menu 87 水平跑

侧向前进方向站立。提腿前进，每个迷你盘间跳两步。反方向亦然。

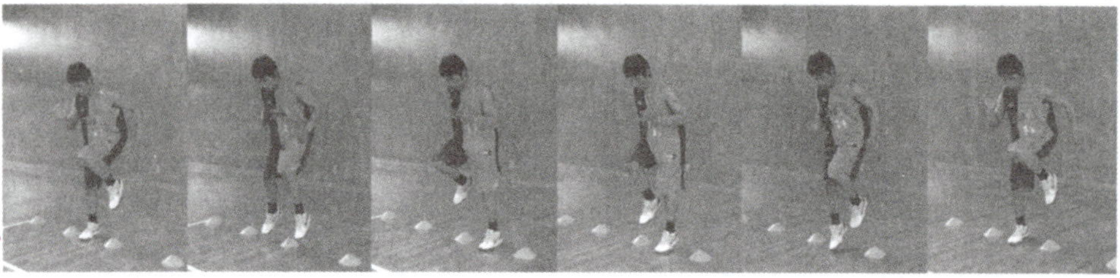

Menu 88 前后跳

侧向前进方向站立。小步跳跃，在迷你盘前后跳跃，横向前进。反方向亦然。

Menu 89 拖步

面向前进方向站立。自迷你盘左侧开始，按照右脚、左脚的顺序在迷你盘间跳跃。跳至迷你盘的右外侧用右脚跳跃。不断按照左脚、右脚的顺序在下一个迷你盘间距内跳跃，跳出时在迷你盘的左外侧。

Menu 90 后向拖步

面向后方进行拖步练习。

Menu 91 交叉步

面向前进方向站立。自迷你盘的左侧开始，左脚呈交叉之姿在迷你盘间跳跃，按照右脚、左脚的顺序在迷你盘的右外侧跳跃。右脚呈交叉之姿不断在迷你盘间跳跃，按照左脚、右脚的顺序在迷你盘的左外侧跳跃。

Menu 92 后向交叉步

面向后方进行十字交叉跳跃练习。

移动变向

Change of direction

——来使用改向的步法吧——

篮球运动因为球场的限制，是否能够掌握住移动变向的技术就显得非常关键。移动变向并不仅仅是简单的改变方向，而是必须利用各种脚步动作组合做到变向。尤其是在大多数变向是通过转弯或改变路线来实现的情况下，有必要进行结合转身和滑步等组合动作来达到转变方向的目的。然后，为了敏捷地转换方向，顺畅地进行加减速训练也很有必要，也请在训练时注意速度快慢吧。

POINT 要点提示：

利用圆锥物来转变方向吧

在边长为4米的正方形各个角和中心上分别放置一个圆锥障碍物。因为共放置了5个圆锥物，也可称作是五圆锥练习。

※文中所出现的左右，都是从实践者角度看的方向。

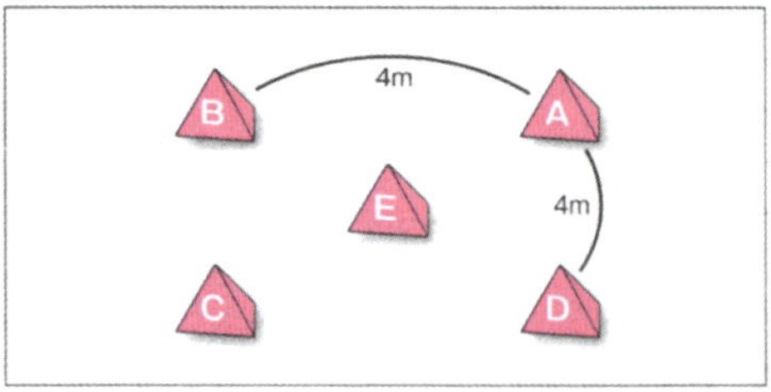

Menu 93 回转练习

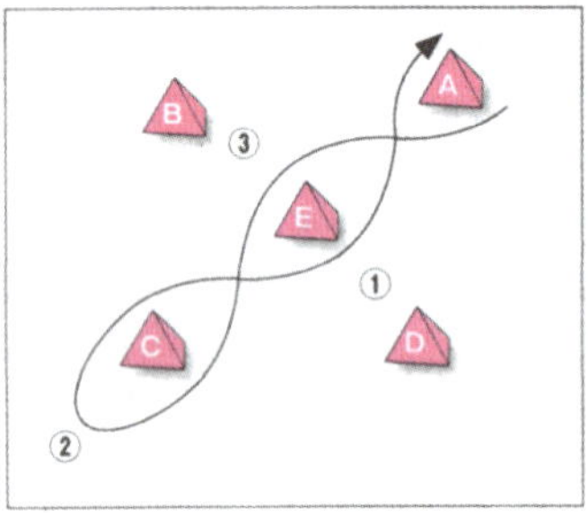

①从A圆锥的左侧开始，通过E横向右侧，向着C跑。
②以右脚为轴向前转身绕过C，向着E跑。
③通过E横向右侧，跑着穿过A的左侧。
无论从圆锥物的哪一侧开始，作为支撑轴的脚都在变化，所以两侧方向都要进行训练。

Menu 94 转身练习

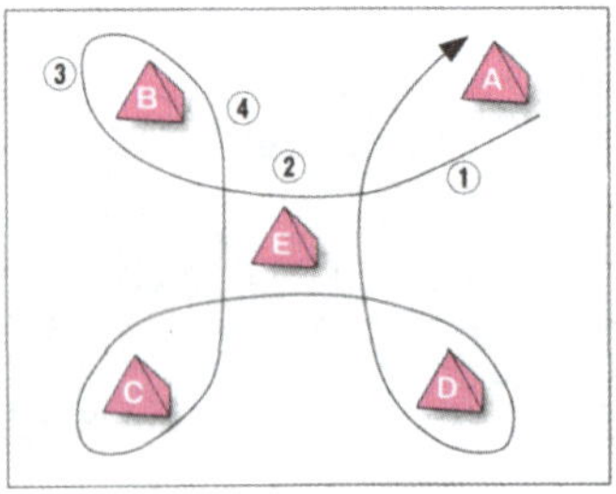

①从A圆锥的左侧开始，向着E跑。
②左脚单脚蹬转改变方向，向B的左侧跑。
③以右脚为轴向后转身绕过B。
④向着E跑。
循环同样的步法动作通过C和D圆锥，最后跑着穿到A的左侧。因为顺时针转和逆时针转脚的步法相反，所以要进行两侧方向的训练。

变化练习

L形绕过E圆锥

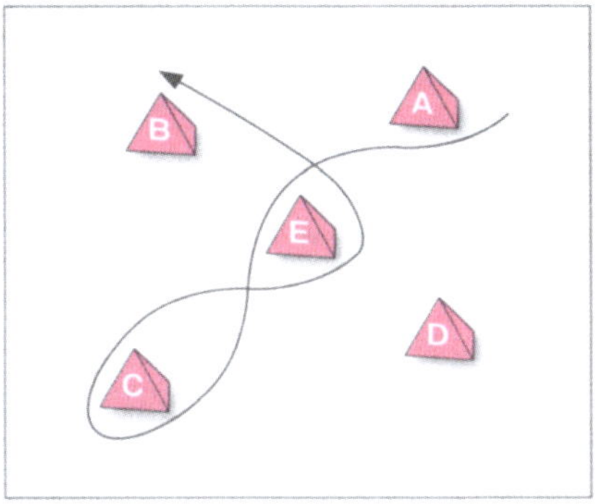

POINT 要点提示：

熟练了之后请尝试多人一起练习吧

基本上（L形绕过E）是单个人进行的训练，但是从旁边或者是对面的圆锥为起点开始，两人同时进行训练的情况也是可以进行的。两人进行训练的情况下，根据交错的时机击掌而过，也能培养自身协调对方速度的能力。虽然加入了一些有难度的内容，但在实际训练中判断自身及同伴的速度也是有所要求的，所以这样的训练也是很重要的。进行小组练习的时候，需要个人提高自身动作的准确度之后，再开始进行多人练习的模式比较好。

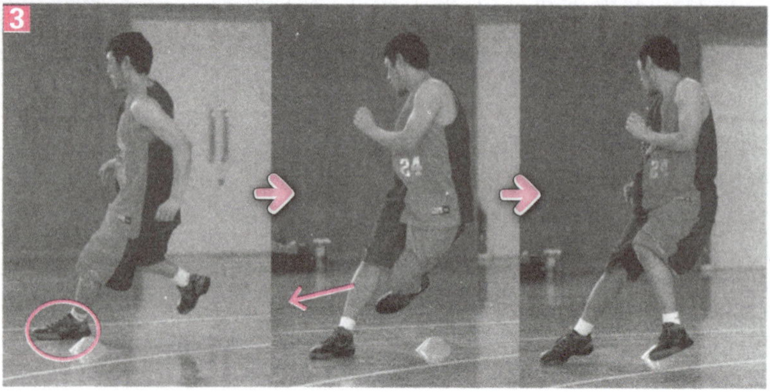

Menu 95

后转身

①从A的左侧开始，向E跑。
②左脚单脚蹬转，向右边转换方向，然后向着B的右侧跑。
③用交叉步绕过B。
④倒跑通过E的左侧，向着D跑。
⑤绕过D，正面朝向E，往其左侧跑。
⑥转身倒跑绕过E，保持倒跑跑回A的左侧。

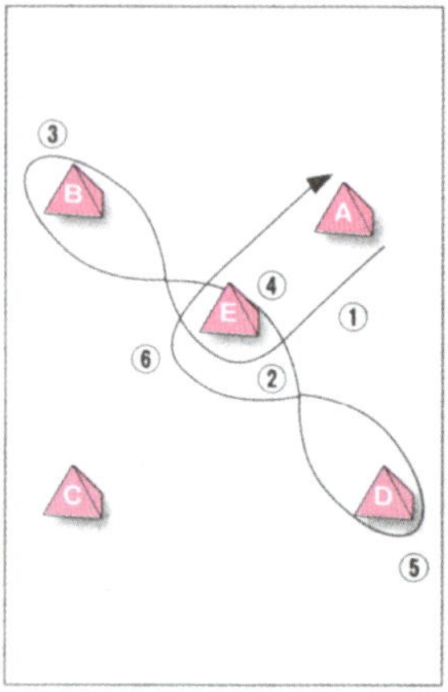

POINT 要点提示：

不要变成“哎哟”的动作

考虑到在一对一的情况下方向转换的速度，并不仅仅是简单的速度快，不让对方察觉你要变向也很重要。因此，在变向的时候，起码不要加入有反作用的动作。因为太过强调转换方向的速度的话，就会变成所谓的“哎哟”动作（离心过大刹不住），即使是开始阶段的慢动作也请务必注意动作的顺畅性。熟练这个动作后，自然速度就会加快了。

Menu 96

转身

①从A的左侧开始，向E跑。
②左脚单脚蹬转，向右边转换方向，然后向着B的右侧跑。
③用交叉步绕过B。
④倒跑通过E的左侧，向着D跑。
⑤绕过D，正面朝向E，往其左侧跑。
⑥转身倒跑绕过E，保持倒跑跑回A的左侧。

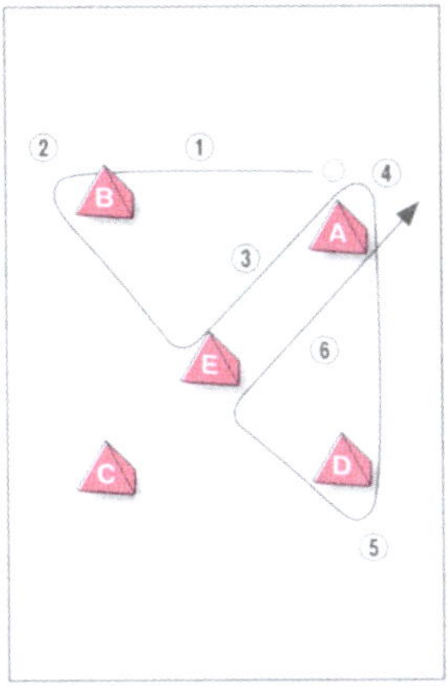

POINT 要点提示：

养成在快速运动观察的习惯

在两个人同时做动作时，不是利用哨声和击掌的方式启动，而是站在标志物位置（目视对方并同时示意）进行启动为好。在完成转身动作时要确定同伴的位置。在这过程判断速度是最重要的。即使在快速移动中也要在养成观察的习惯。

身体控制

Body Control

——来协调速度和身体吧——

跑动速度一旦快起来，人身体的平衡性就很容易被打破。无论多快的速度，一旦身体的平衡不能保证，就决定不了投篮的命中率。在自己能控制身体均衡的速度下移动才是篮球运动中能用的速度。因此，在提高自身运动最快速度的同时，必须进行对自己身体均衡度控制力的训练，也就是是“身体控制”。

然后，在篮球运动中，必要的身体控制的基础正是被称为“急停的能力”的能力。

Menu 97

力量位置

姿势是双脚稍宽于肩，双脚平行开立。肩膀放松，肘部稍微弯曲。为了使背部保持平直，肩胛骨向身体内侧拉近。臀部向后延展，使身体前倾。膝关节不要向前超过脚趾。后脚跟以和地板间能放下一张纸的程度抬着。

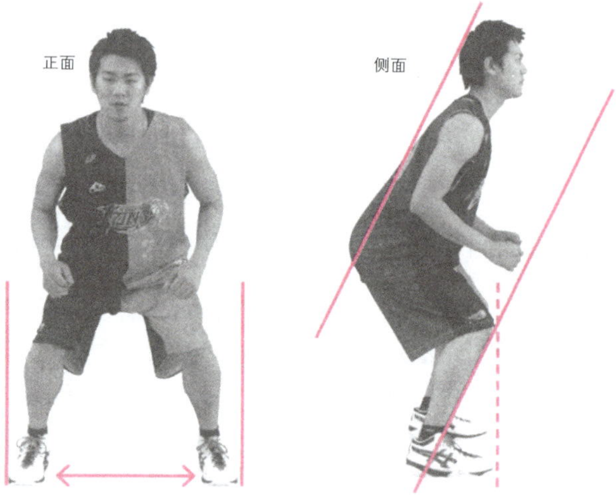

上身站立　　膝关节过前　　腰部弯曲

POINT 要点提示：

脚后跟着地，先后脚掌再前脚掌

向上跳，脚着地的时候基本上都是脚趾部分先着地，但是在跑动中停止的话，请注意先“脚后跟开始”着地。篮球运动中因为脚后跟在移动中不着地的情况比较多，能够看到很多队员都是前脚掌着地的。但是，那样着地膝关节会向前超过脚趾，那么就容易破坏身体的平衡。而且，对肌肉力量还没完全激活起来的初高中生来说，膝关节受伤的危险性也会增加。

Menu 98

跳停

双脚同时着地的停止方式被称为“跳停”。向前跑动6米，用跳停的方式停止，然后转身原路返回。循环这个动作组合两次。因为排球场的底线到攻击线刚好6米，如果地板上能画有排球场的线，训练的时候利用它就很方便。

变化练习

停后，向前跑。

POINT 要点提示:

膝关节绷紧的状态下不要停止

良好的平衡状态下，因为不停止的话很难后移，所以，先做好停止的动作，然后开始回跑的动作。然而，只进行停止和回跑的动作组合的话，后移的意识太强，会出现膝关节还没怎么弯曲的绷紧状态下就停止了的状况。为了防止这种状况，要进行在停止后向前短跑的训练。不管是回跑还是短跑，能够用同样的姿势停下来都是很重要的。

Menu 99

跨步急停

单脚相继着地的停止方式被称为“跨步急停”。向前跑6米，然后跨步急停，再原路跑回。

变化练习

停止后，收回向前伸出的腿，两脚呈平行姿态，不改变作支撑的脚，继续前跑。

Menu 100

跳停&转身

向左斜前方跑，然后跳停。以右脚为轴转身，保持这个动作左脚（空闲不作支撑的脚）离地，用右脚单脚蹬转到右边。也可以反方向的脚为轴做练习。

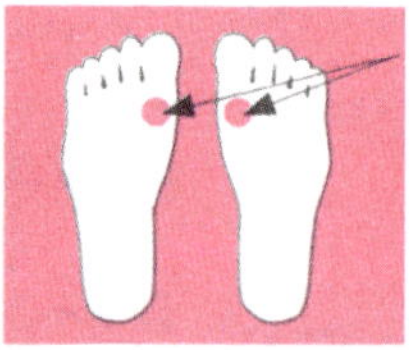

以拇趾球（两脚拇趾跟附近突出坚硬的部位）为重心转身。

POINT 要点提示：

不要使身体的垂直运动幅度太大

在这样转身的训练中，首先强化“中枢脚的意识”要增加到停止练习的注意点中。转身的时候，以中枢脚（支撑脚）的拇趾球（如右上图解所示）为重心旋转，有必要使脚跟不着地。这时，如果过度地向上抬高脚跟，因为膝关节与髋关节也同时伸展开，变成了身体垂直运动幅度很大的转身。能清晰意识到脚的支撑作用，即使不特地过度提高脚后跟也是能够做到转身的，因此，请多注意尽量不要抬高脚后跟来达到转身的目的。

转身的时候身体的动作是，首先头部开始转动，稍后开始转动肩膀。然后转动下半身，注意到腰扭转过来膝关节就开始转过来。不管是从预防伤害的角度来说还是为了做到顺畅地转身，注意强化“髋关节的旋转”来达到转身吧。

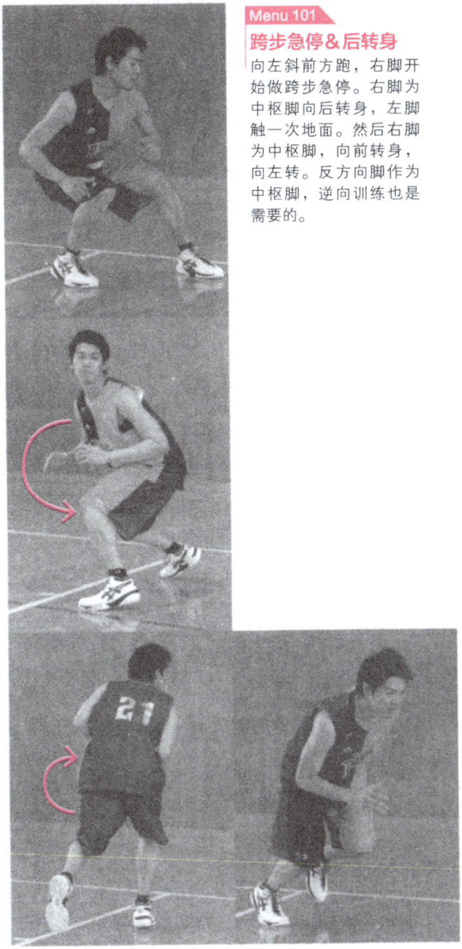

Menu 101

跨步急停&后转身

向左斜前方跑，右脚开始做跨步急停。右脚为中枢脚向后转身，左脚触一次地面。然后右脚为中枢脚，向前转身，向左转。反方向脚作为中枢脚，逆向训练也是需要的。

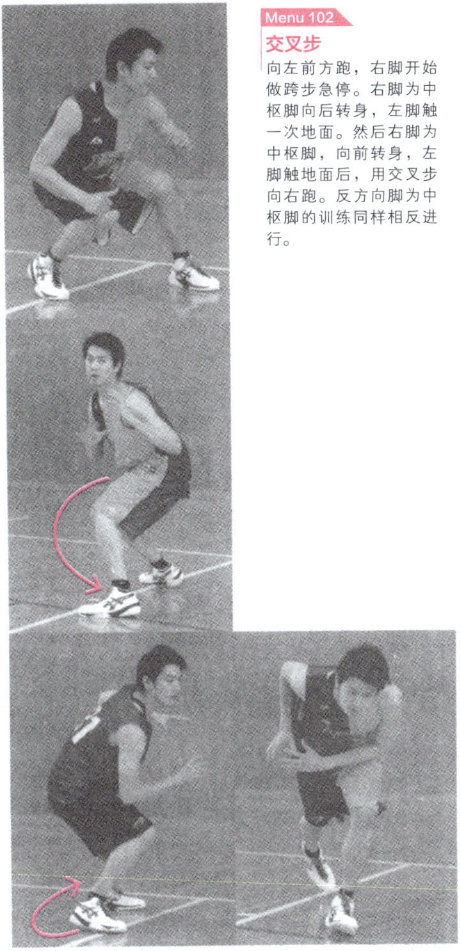

Menu 102

交叉步

向左前方跑，右脚开始做跨步急停。右脚为中枢脚向后转身，左脚触一次地面。然后右脚为中枢脚，向前转身，左脚触地面后，用交叉步向右跑。反方向脚为中枢脚的训练同样相反进行。

POINT 要点提示：

使用小腿前肌肉，小腿靠近脚背方向。

停止也好，转身也好，希望在训练中大家注意到的是保持上身前倾的姿势，使用胫骨前肌，形成小腿与脚背呈良好角度。这种姿势被称为“积极・新・角度”。

能看到很多选手虽然想保持一个较低的姿势头向下低，但是腰的位置相对较高。这样的选手，几乎都是不把小腿往前压（如上图左照片所示）。相反，为了做到“积极・新・角度”，只强调把小腿倒向脚背这点还不够，还应注意在上身保持挺直状态的同时，避免膝关节过度前倾超过脚尖的情况发生。

为了防止出现以上几种错误的情况，请一定记住使用小腿前肌肉，小腿靠近脚背方向。

专栏4

用“手工器材”提高训练的效率

最近无论是网络上还是杂志上的邮购，我会关注到便宜的训练器材。以前，会觉得那样便宜的器材用都是些质量不好、很容易坏的东西，但是最近市场上出现了很多物美价廉的器材用具。即使这样，器具烧钱也依旧是事实。因此，我就产生了“尝试自己来制作器具怎么样呢”的想法。

培养速度的训练中很多情况需要标志物和迷你障碍物，而这些就可以用装着水的塑料瓶来替代。而且因为有各种各样尺寸的瓶子，根据用途区分开来使用也是很便利的。并且，如果用塑料胶带区分开瓶子的颜色的话，像“红色障碍物是要碰触的，蓝色是需要绕过的……”等复杂的训练菜单也能变得容易理解。

另外，塑料瓶还可以替代哑铃。塑料瓶中不加入水，而是灌入沙子，那么就成为了一个稍重的哑铃。此外，往沙子里面注入水的话，就会成为一个更重的哑铃。

大家都知道吗？人们喝烧酒（日本的一种蒸馏酒）的塑料瓶中有5公升规格的。这种瓶子很方便入手，能够尝试多种的使用方式。过去，人们会往一升的瓶里装入水和沙子，然后用其来训练手腕，增加手腕的力量。但是，因为如果是玻璃制品的话，掉下来会摔碎，很可能会导致受伤，所以不推荐使用玻璃制品。

如果在塑料瓶制的哑铃上加上橡胶管的话，就能增加很多训练变化。自行车的内胎可以作为训练橡胶带的替代品。去自行车修车店就能获得很便宜的破旧橡胶管（有时候还会是免费的）。如果就那样原原本本用的话，拉力强度太大，分成2段或者是3段使用比较好。虽然外观显得不怎么好，但用顺手后会觉得意外的好。

第4章
用安全的训练来练成一个强健的身体吧！

Strength 力量

篮球运动在原则上是不允许有身体接触的体育竞技项目。但是在实际赛场中，身体接触又是不可避免的事情，因此，当然要训练不输给他人的身体素质。应该在避免过度体能训练的基础上，通过适当的、正确的方式来加强自身的体能训练，让我们培养不输给他人的体能吧。

上肢

Upper body

——通过肌肉力量强化提高速度和爆发力——

现在的篮球运动中速度和爆发力是非常必要的，而作为速度和爆发力的基础则是肌肉力量。因此，为了能够获得更高的篮球技能，拥有充足的体能支持是非常重要的。而且，通过正确的训练方式获得的肌肉会成为自己的“铠甲”，甚至是身体的发动机。这样训练出来的肌肉力量，还被称为“强劲力”。

体能训练的效果基本上一目了然，能看到进行体能训练的人胸肌和肱二头肌相对发达。上身的俯卧撑和下肢的深蹲是体能训练的两种基本方式。请在训练时一定要采取正确的训练方式。

Menu 103

俯卧撑

上身体能训练的代表训练方式。虽然是最为常用的体能训练形式，但是如果不采用正确的姿势，训练的效果就不会理想。

Normal 手的幅度

- ■俯卧躺在地上，两手抬到肩膀位置，折起到手肘位置，使两手中指呈平行状态。
- ■手指指向前方。
- ■在这个位置开始俯卧撑，因为肩膀处于向上抬升紧绷的状态，只有手指部分在向下方挪动。

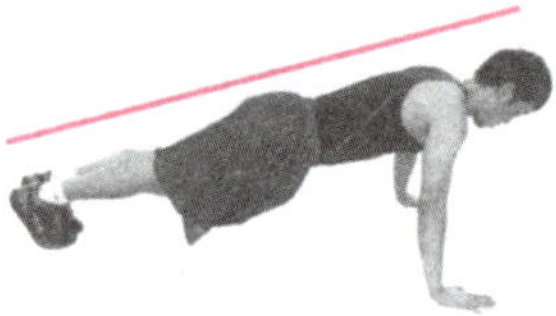

▲臀部翘起了

开始姿势

- ■开始的姿势从侧面来看，肩膀在手腕的上方，肩膀、腰部、膝关节、脚踝都尽量处在同一直线上。
- ■如果是体力相对较弱的女队员，膝关节可以着地。这种情况下，肩膀还是在手腕上方，保持肩膀、腰部、膝关节处在同一直线上的姿势。

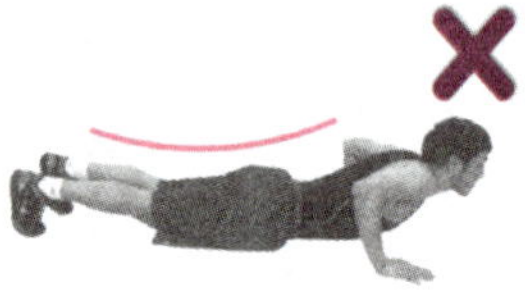
▲腹部向下，腰部下榻

动作

- ■开始的姿势到位后，肩胛骨向内侧拉紧挺胸，两个肘部向身体外侧弯曲。
- ■身体降低到基本靠近地板。收紧腹部，保持身体在一条直线上，脸看向前方的状态下，胸部或者下巴触到地板。

▲额头碰触了地板

变化练习

宽（扩大手距）

和搭档的手进行比较，按照对方中指的位置是自己拇指的位置摆放手。手指稍微向外指，这种方式更能训练胸肌。

窄（缩小手距）

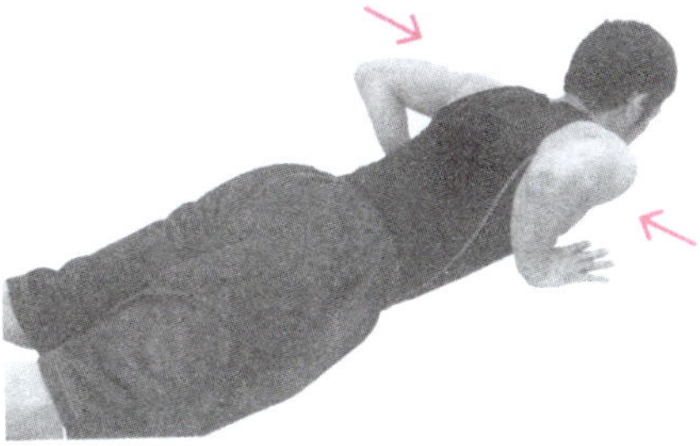

两手大概与肩同宽，以拇指位置对应乳头的位置摆放手。这种方式更能训练手腕的力量。

Menu 104

Push-up touch俯卧撑击掌

训练胸肌、肩部肌肉、背部肌肉、手腕肌肉等身体肌肉的训练方式。

- 两手保持正常的距离，和搭档以面对面的方式俯卧躺下。
- 两人间的距离是相互伸手能碰到的距离。
- 双手伸直撑着身体的时候，伸出对角的手击掌。
- 击掌的手要交换。

反应能力

POINT 要点提示：

调整次数和组数提高训练的效果

无论是克服自身体重训练或是轻度哑铃训练，抑或是使用橡胶带等器具训练的负荷，应与第3章一样，要根据实际调整次数和组数。

比如次数，可以从10次开始，15次，20次这样逐渐增加。动作组数，可以从1→2→3组这样循序渐进增加，最高完成5组。如果20次×5组很轻松能完成的话，那么这个菜单的训练项目对肌肉训练来说效果就不佳了。这种情况下，可以考虑引入器具辅助，训练效果会比较好。

Menu 105

独轮车（1）

虽然是以前就有的训练方式，但是如果能都用正确的方式训练的话，就会成为一种能够安全地训练上身所有肌肉的非常好的方式。

■双手支撑在地面上，由搭档抬起双脚。

■体力不足的情况下，搭档帮助可以抬起大腿。

■为了不伤到手腕，手指向外伸展开。

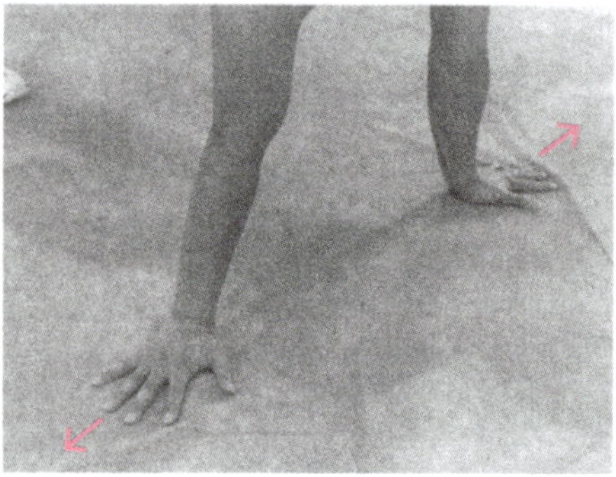

■开始的姿势，从侧面看，保持膝关节伸直、臀部稍抬起的姿势。

■注意使用肩胛骨的移动，慢慢地用手走15米（边线间的单程距离）。

■为了不使腰部受伤，一定要绷紧肌肉，不要下塌腰。

▲臀部摇动

▲膝关节弯曲，腰部下塌

Menu 106

独轮车（2）

此为一种背部和腕部的训练。因为需要大量地使用到哑铃的情况，所以是需要搭档的协助才能做好的训练。

■搭档双手着地支撑身体，实施者握着脚腕。
■实施者弯曲膝关节，双脚开立与肩同宽。
■身体稍微前倾，搭档的脚腕放在自己膝关节两边。
■手肘弯曲通过身体两侧，肩胛骨向内拉紧，把搭档的腿抬到与自己腰部同高度左右，然后恢复原位。
■整个过程中，搭档身体肌肉绷紧，保持自己的姿势不变。

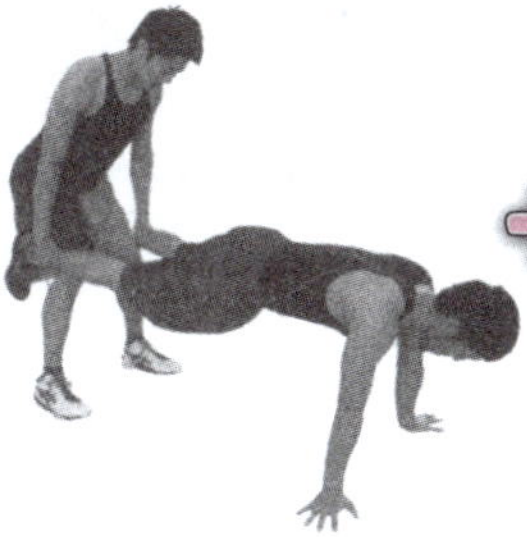

▲上身挺直，臀部下蹲

▲背部弯曲

▲耸肩

Menu 107

肩上推举（独轮车）

此为肩膀的肌肉训练。因为需要大量地使用到杠铃和哑铃等器具的情况，所以是需要搭档的协助才能做好的训练。

■搭档双手着地支撑身体，练习者握着脚腕。
■练习者双膝着地，挺直身体。
■把搭档的脚腕从自己肩膀位置开始往上抬，直到双手伸直，然后回到原位。
■整个过程中，搭档身体肌肉绷紧，保持自己的姿势不变。

POINT 要点提示：

投篮时身体姿势的稳定需要肌肉的有效储备

考虑到篮球的特性，上肢非常重要的肌群是“背部和肩部”。投篮时，虽然主要靠手腕和手臂的肌肉，使近600克的篮球飞向篮筐并不需要非常大的肌肉力量。然而，非常重要的是，在投篮时身体姿势的稳定性需要肌肉的作用。要想练好移动中跳投，就必须有良好的肩部和背部肌肉的储备。而且，在身体对抗中提高身体控制力，肩部和背部的训练也是很重要的。

Menu 108

单手训练（毛巾）

此为单手进行的背部和肩部肌肉的训练。使用哑铃（训练器材）进行训练的情况比较多，搭档可以借用毛巾来替代哑铃进行训练。

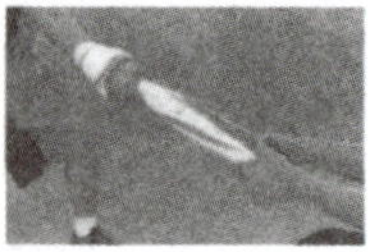

■毛巾卷在手腕上，和搭档面对面。搭档坐在地板上，抓住毛巾的一端。
■练习者绕着毛巾同侧的脚向后退一步。
■伸直手臂，使背部肌肉稍微拉紧，上身稍微往前倾。
■肩胛骨向中间靠拢，收紧腋下，手肘往后拉，然后回到原位。
■在这组动作练习中，保持身体其他部位不动。

▲往后拉时，背部弯曲。 ▲耸肩后拉时，上身弯曲 ▲用力时背部弯曲。

Menu 109

侧平举（搭档）

使用哑铃（训练器材）进行训练的情况比较多，搭档可以替代哑铃帮助练习者进行训练。

■上身稍往前倾，两手掌于身前合十相交。
■让搭档用手压住练习者的手腕处。
■双手由身体两侧慢慢抬高到肩膀同一高度。
■手肘伸直，两手并不是在身体的正侧面方向，而是稍稍在身体前面。
■为了使手腕顺畅而且以一定的速度移动，搭档在练习过程中要调整好力度。
■移动的速度以数到5秒为准。

NG 不得和搭档进行力量的比较，不得腰部弯曲，耸肩。

▲用力时背部弯曲

▲耸肩

Menu 110

反向俯卧撑

手腕和肩部肌肉的训练方式。有坡度的地方都可以进行这个训练，被称为能轻松开展练习的训练方式。

变化练习

■背对着椅子站立，两手撑开与肩同宽，双手放在椅子的一边上。
■向前移调整到大腿和小腿呈90° 角为止。
■腰向下降，膝关节弯曲。
■抓牢椅子，伸直手肘，恢复原位。

▲伸直膝关节进行训练

Menu 111

Y、T、W

训练肩胛骨周围，提高身体稳定性的训练方式。因此，请注意尽量做到不移动腰部，活动肩胛骨周边。

Y

■俯卧在地板上，两手高举过头顶，呈“Y”字形。
■保持手肘伸直，注意两边肩胛骨向中央靠拢拉近，使手臂离开地板。

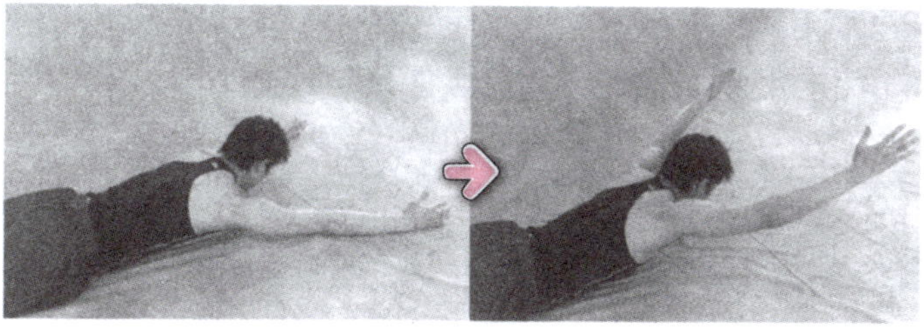

T

■两手放平在身体两侧，呈“T”字形。
■这时候，拇指指向天花板，然后重复Y字，手肘伸直，注意两边肩胛骨向中央靠拢拉近，使手臂离开地板的动作。

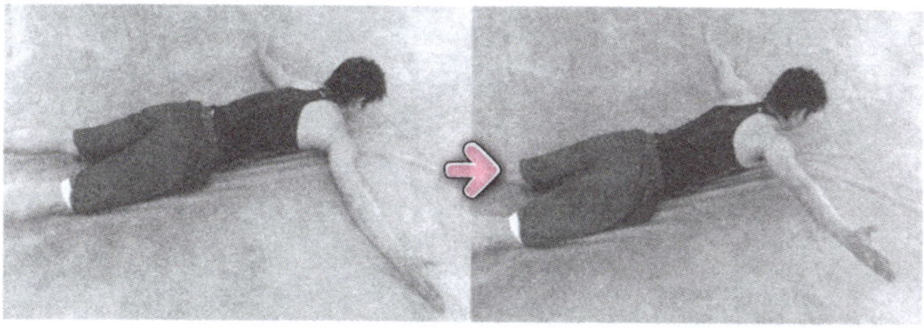

W

■手臂在头部两侧手肘弯曲，呈“W”字形。然后重复之前Y字上抬的动作。
■尤其注意肩胛骨下方部位的变化。

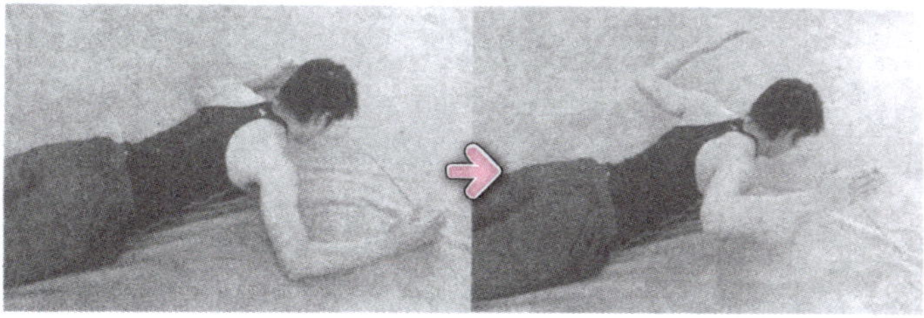

Menu 112

二头肌（毛巾）

手臂的肌肉训练。虽然是很常见的动作，需要搭档来进行协助。请好好掌握要领进行练习吧。

■双手抓紧毛巾的中间部位，与搭档面对面（搭档坐在地板上，双手抓紧毛巾的两端）。
■采取双脚比肩宽稍窄的姿势，膝关节稍微弯曲做好准备。
■尽量使手肘在身体前方（腹部位置）。
■手臂弯曲，手腕像划圆一样移动。结束的时候，尽量使手回到下巴下面。

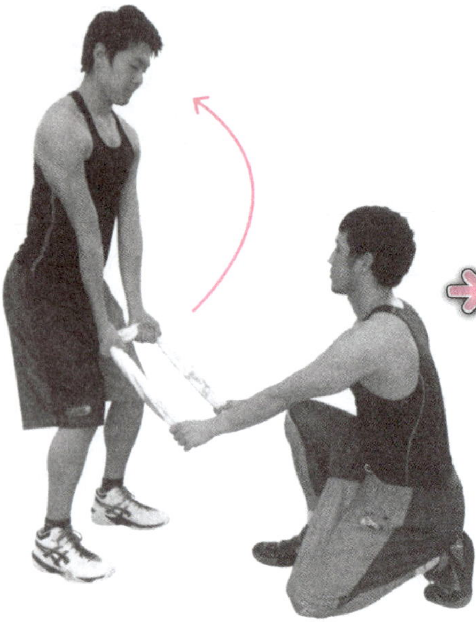

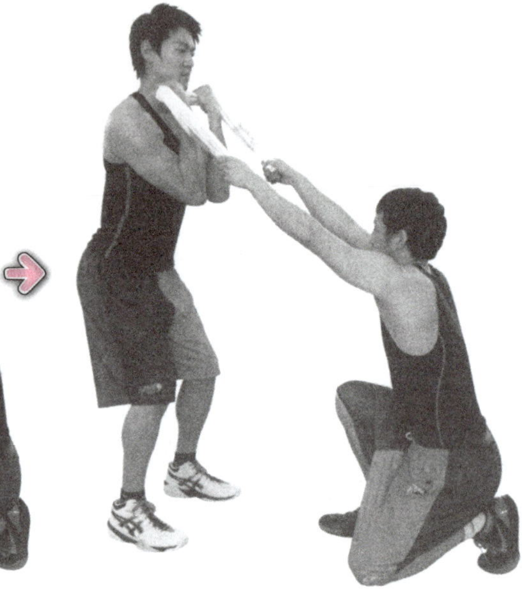

POINT 要点提示：

能忍受搭档给予的叠加负重

虽然介绍的是使用毛巾让搭档给自己加载阻力的训练方式，如果有哑铃（训练器材）的情况下，请还是积极地利用起来吧。但是，在哑铃不够的条件下，或是在外比赛的场合下没法准备训练器械，使用毛巾进行训练就显得很方便。
练习者在练习时需要完成正常动作发挥自己力量（正功）的同时，也需克服搭档所施加的叠加力量（负功）。熟练动作之后，即使是负功的训练也能获得效果。

NG

▲拉和下降都以肘部为轴（曲臂轨迹需呈直线）

▲结束时手的位置在锁骨位置

Menu 113

French Press 颈后杠铃臂屈伸

手臂肌肉的训练方式。训练二头肌（参照右图）和另一侧肌肉的训练方式。

■两手抓紧毛巾的中间位置，双手放在颈后侧，背对搭档站立（搭档呈下蹲的姿势，两手抓住毛巾的两端）。
■呈两脚分开稍窄于肩膀，膝关节稍微弯曲的准备姿势。
■手臂和地面呈垂直角固定好手肘的位置，然后手腕开始划圆，使手臂伸直。

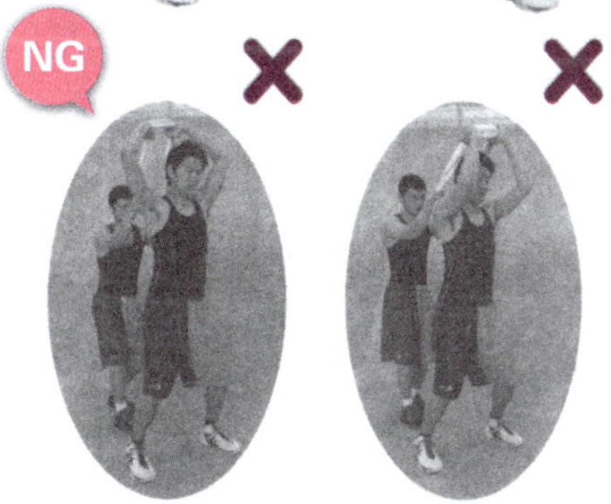

▲手肘外展　　▲手肘前移

Menu 114

正翻腕

手腕周边肌肉的训练。投篮的时候或者是传球时候的手腕动作可移动范围涉及的很广，所以请注意灵活运用手腕的作用。

■坐在椅子上，把手肘的前半部分放置于大腿前侧上。
■手掌向上，抓紧毛巾的中间部分，和搭档面对面（搭档坐在地板上，两手抓紧毛巾的两端）。
■从手腕伸直的状态到尽可能地往上拉，然后恢复原位。

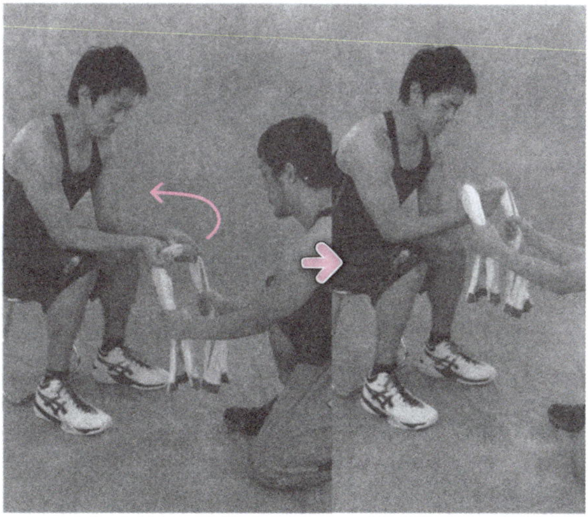

变化练习

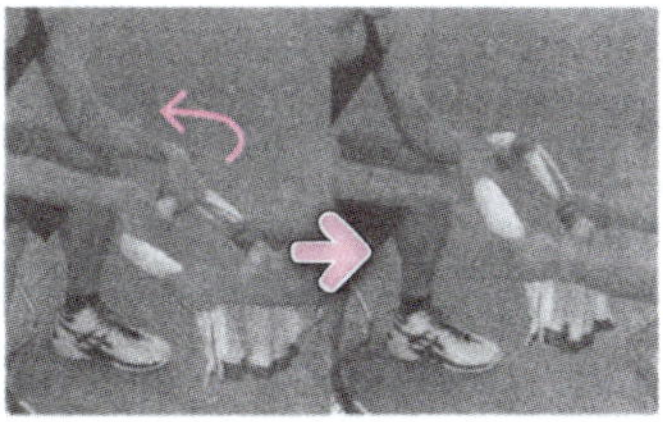

手背向上，向反方向翻转提腕（逆翻腕）。这组动作算是比较接近实战的肌肉训练，所以无论如何请一定要练习。

下肢

Lower body

——通过下肢的强化训练帮助提升效果——

反复训练的篮球运动包含了起动、跳、急停以及变向。仅凭这些就可以发现下肢训练在篮球运动中的重要性。其中，最具代表性的下肢训练方式是深蹲。通过正确的方式练习深蹲，能使身体髋关节、膝关节、踝关节等都协调发展。

除基础的深蹲外，考虑到篮球运动的特性，还可以逐渐增加难度如弓步深蹲、单脚深蹲以及移动重心的练习等。

Menu 115

深蹲

- ■双脚分开稍宽于肩，脚尖稍向外展。
- ■两手叉腰，肩胛骨稍向内拉紧，挺胸。
- ■注意臀部向后伸展，膝关节和髋关节大概同时弯曲下蹲。
- ■上身稍往前伸，头部保持不要往前移的状态。
- ■膝关节弯曲，使大小腿呈90° 角为止。从侧面来看，下蹲的时候，小腿前倾到膝关节处在脚尖的正上方为止。
- ■从正面看，膝关节总是和脚尖指向的方向保持一致。
- ■身体往上起的时候，脚背要把脚往地板方向压。

▲背部弯曲

▲起来时，膝关节内翻

▲膝关节超过脚尖

▲臀部上抬，头部向前倾

▲下蹲时脚尖抬起

▲下蹲时，脚踝抬起

POINT 要点提示：

挑战弹跳的练习吧

篮球运动员无论是谁都想提升自身的跳跃能力。通过深蹲训练提升下肢肌力之后，就可以尝试弹跳力的训练。

深蹲的基本节奏是，下蹲的时候和起来的时候都是3个拍子（慢&慢）。为了和弹跳动作连接起来，请按照以下的节奏进行调节训练吧。

下降

下蹲的时候，腰像石头掉落一样去掉力气，然后停止。

慢&快

数到三（三个拍子），注意快速转换，迅速向上抬升。

快&快

下蹲的时候，腰像石头掉落。注意快速转换，迅速向上抬升。

接着，马上进行弹跳的训练吧。

深蹲弹跳（SQJ）

手臂向后甩，膝关节呈90°角弯曲，一步到位。然后，用力向下踩地板，一气呵成向上跳。

下蹲跳（CMJ）

手向前伸，身体站直。由这个姿势开始，两手边向后甩，边向下蹲，迅速转换，向上一鼓作气跳起。

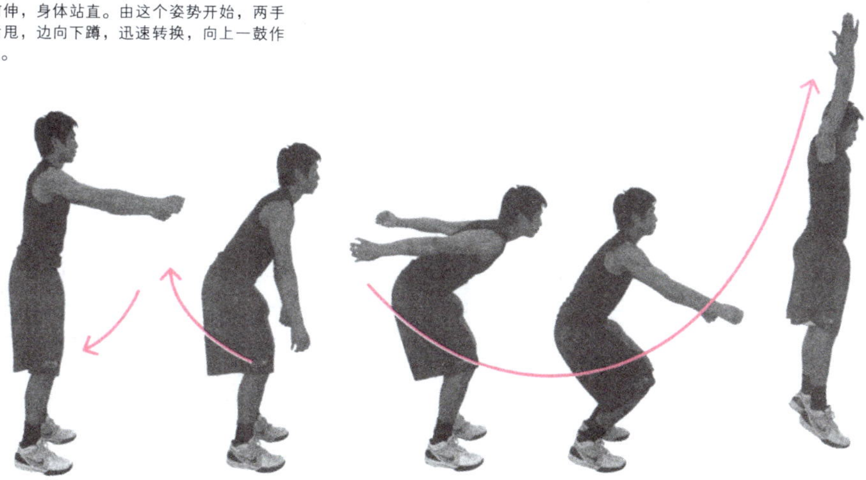

Menu 116

弓步深蹲

双脚前后分开，对于水平方向来说是变成了不稳定的姿态。这是利用这点来达到提高自身的肌肉力量的同时，提升个人平衡感的训练方式。

■双脚前后分开，使双脚内侧处在同一直线上。
■前后脚的距离，大概是下蹲的时候后腿的膝关节能触到前脚的脚后跟。
■后脚的脚后跟抬起，脚前掌撑地，身体重心转移到前脚上。
■从开始姿势开始，为了使臀部能向下移，后脚膝关节几乎向下弯曲快接触到地板，但不能触地。
■在这组动作中，请注意后腿膝关节和脚前掌的用力方向保持一致。
■前腿膝关节尽量不超过脚尖，上身保持挺直的状态。

POINT 要点提示：

注意到大腿内侧肌肉的训练

属于深蹲系列的训练方式。多注意膝关节不能超过脚尖这点，主要原因之一是为了不给膝关节增加额外负担，而另一个原因是为了尽量不用大腿前侧的肌肉。

因为大腿前侧的肌肉平时都能训练到，所以不用刻意训练。与此相对的，其他腿部（大腿内侧的肌肉）不特意训练的话，就不能很好地协调配合。因此在深蹲系列的训练中，有必要进行腿部训练使其更好地为自己所用。

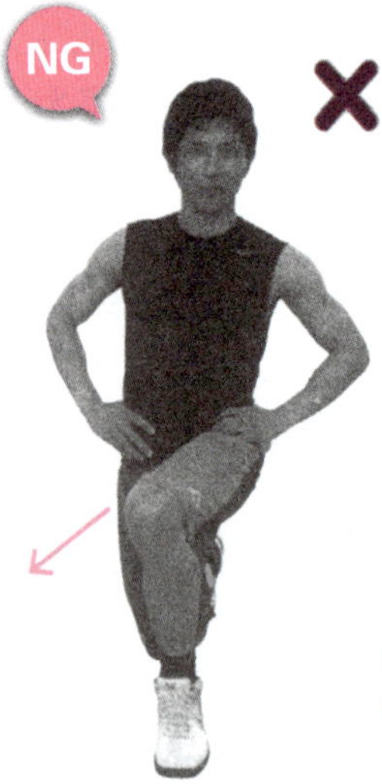

▲膝关节向内倾

▲上身前倾

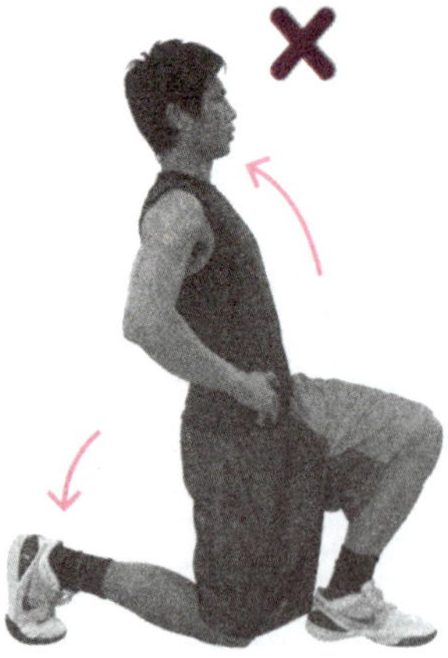

▲后脚支撑身体

Menu 117

单脚深蹲

比起前文介绍的单腿前蹲更难控制平衡，同时也更能训练提高肌肉力量和平衡感。

■台（椅子）上单脚站立。两手叉腰，另一只脚向后撤。
■臀部往后，直到膝关节呈90°角，膝关节和髋关节弯曲。
■这组动作中，双手不要离开腰。

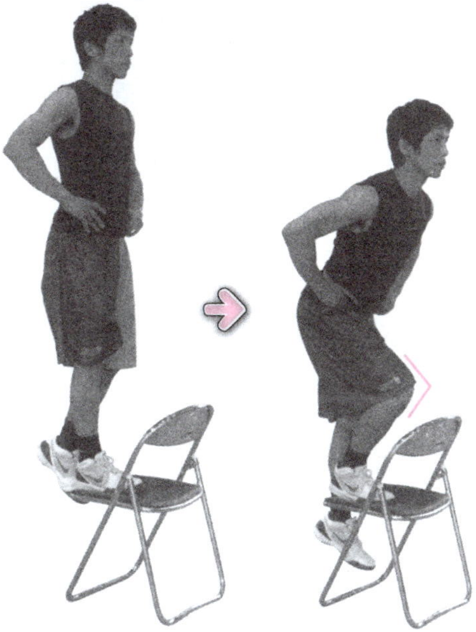

变化练习

▲抓住椅子在地板上

▲向后的脚放在椅子上

Menu 118

单脚侧蹲

比起单脚深蹲，更训练臀部横向肌肉的训练方式。

■椅子上单脚站立。
■双手叉腰，单脚向横向侧面伸出。
■为了使身体不倾斜，保持骨盆是在水平线上。
■臀部后撤，直到膝关节呈90°角，膝关节和髋关节弯曲。
■这组动作中，双手不要离开腰。

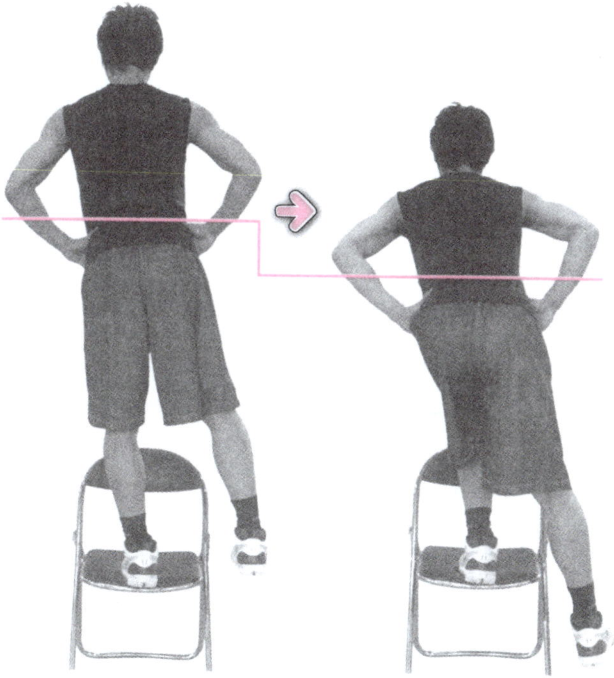

NG

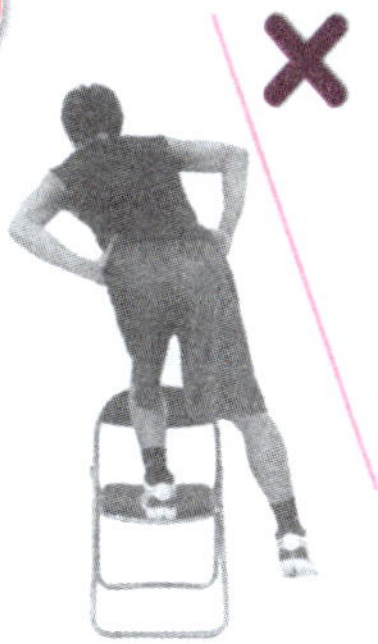

▲上身倾斜

Menu 119

前弓步

向前移动重心的训练方式。单腿急停，在横向移动的时候非常有用。为了保持身体的稳定，还能用到身体的肌肉力量。前脚掌着地时，注意前脚臀部和大腿内侧肌肉的利用。

■双手叉腰，双脚并拢站立。
■上身保持直立不动，向前迈一大步，脚后跟先着地。
■注意迈出去的腿的膝关节不要超过脚尖，而且两者的方向要一致。
■后腿膝关节用力弯曲下压，几乎要靠近地面为止。
■下到最下面的位置后，迈出去的脚向地面用力踏，恢复原位。
■回到开始的位置时，尽量固定身体，不要使上身弯曲。
■刚开始阶段，连续练习同一只脚往前迈，熟练之后开始双脚轮换训练。

▲臀部未下蹲上身前倾

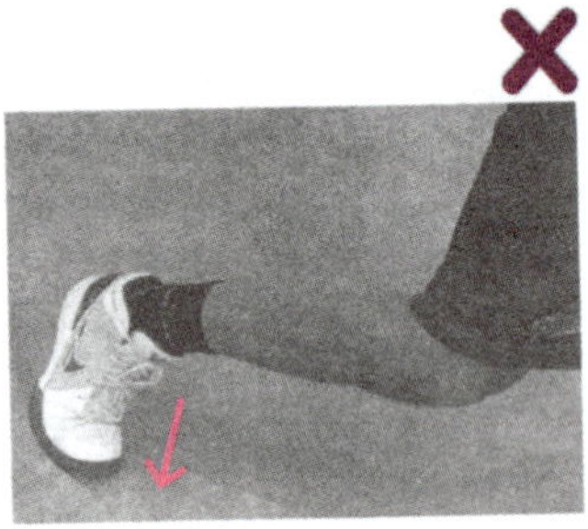

▲后脚尖向外翻

Menu 120

弓步伸展

看起来像驱动的姿势，上身有意识地弯曲。

■双手叉腰，双脚并立。
■上身往前倾，单脚向前迈一步。
■身体前倾，使胸部触到大腿前侧为止。
■双手移到脚尖位置左右。
■迈出的脚用力踏地面，使身体恢复原位。

Menu 121

侧弓步

横向移动重心的一种训练方式。与前文介绍的前弓步使用的肌肉相类似，迈出的腿的大腿内侧的肌肉和臀部横向的肌肉训练的比前弓步多。

- ■双手叉腰，双脚并拢站立。
- ■上身保持不动，脚后跟触地横向侧迈出一步。
- ■迈出的脚稍稍向外指。
- ■着地的时候，身体稍向前倾。
- ■迈出的脚，膝关节不前倾超过脚尖，注意脚尖和膝关节方向保持一致。
- ■另一侧脚膝关节伸直，内侧脚底不要离开地面。
- ■位置下到最下面时，迈出的脚用力踏地面，使身体恢复开始的姿势。
- ■回到开始姿势时，稳定住身体，不要使身体左摇右晃。

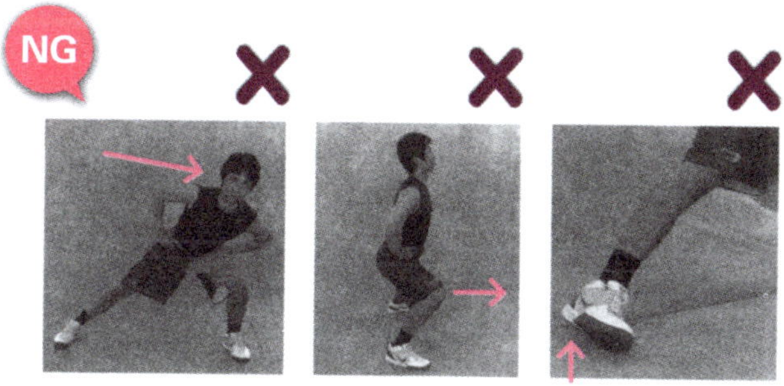

▲迈出时身体侧倾　▲上身抬起膝关节超前　▲膝关节弯曲脚底离地

Menu 122

反向弓步

向后移动重心的训练方式。因为与前文介绍的前弓步相比更训练后腿根部肌肉，与跳跃运动相关联的训练方式。

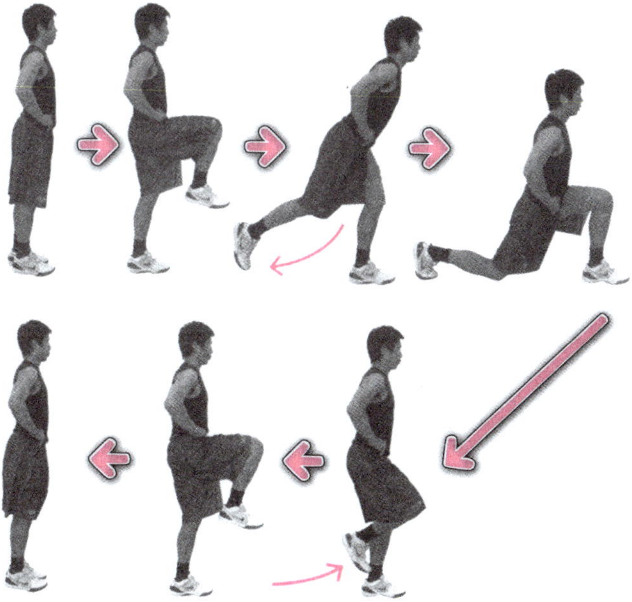

- ■双手叉腰，双脚并拢站立。
- ■保持上身不动，单脚向后迈。
- ■脚尖着地后，腰往下沉。
- ■后脚向地面用力，臀部抬起，恢复到原位。

Menu 123

仰卧提臀

重点训练臀部肌肉的训练方式。请注意不是通过腰部肌肉提升，而是要通过臀部肌肉。

- 脚腕和膝关节呈90° 角弯曲。
- 膝关节不要分开，膝关节和脚尖的反向保持一致。
- 注意Draw in或者收腹，抬升腰部。
- 使肩膀、腰部、膝关节在同一直线上后静止，然后慢慢回到原位。
- 回到原位的过程中，注意使脊椎一节一节慢慢碰触地面。
- 臀部不接触地面，循环练习这组动作。

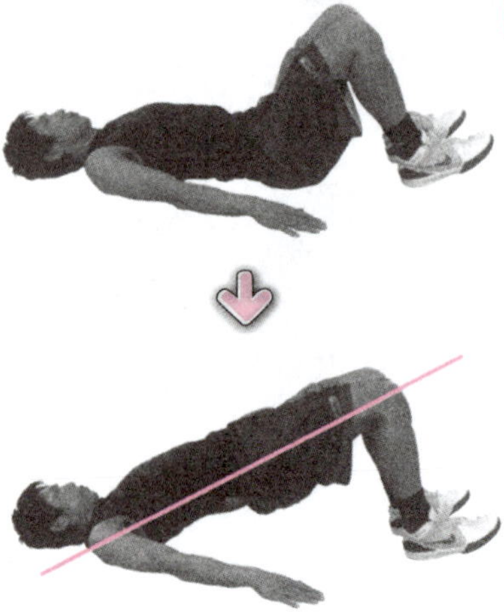

变化练习

▲单脚进行

▲脚放在椅子或台子上

Menu 124

直腿硬拉

训练臀部和腿部肌肉及韧带的训练方式。因为是非常不容易保持平衡的动作，请注意在训练过程中尽量保持身体的平衡后再训练。

- 肩胛骨向内拉，挺胸，双脚并拢站立。
- 拇指向上两手在两侧伸开，同时一只脚向后伸，上身前倾。
- 从侧面看，身体的肩膀、腰部、膝关节和脚踝处在同一直线上。
- 尽可能地前倾后，通过站立支撑腿的臀部和大腿内侧肌肉使身体恢复原位。
- 后迈的脚不接触地面，循环练习这组动作。

POINT 要点提示：

臀部和腿部肌肉及韧带的强化练习是为了预防伤害

考虑到篮球运动的竞争性，对下肢来说非常重要的肌肉是“臀部和大腿内侧”。这两者也是跳跃和冲刺时所必需的，如果协调不好，会成为腰部肌肉和大腿前侧肌肉的负担。这样，就容易引起腰痛和关节痛。臀部和腿部肌肉及韧带强化并不仅仅是为了提高技能，更是为了预防伤害。

▲从后看，腰部扭转

Menu 125

提踵（1）

小腿的训练方式。因为小腿的肌肉联系着各个方向，脚尖向各个方向转换都要练习。

■手扶在椅子或是墙壁上，脚尖向正前方，单脚站立。
■尽可能地抬高脚踝。

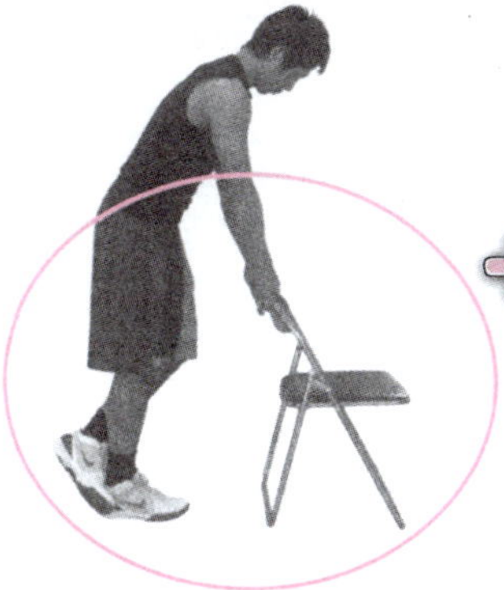

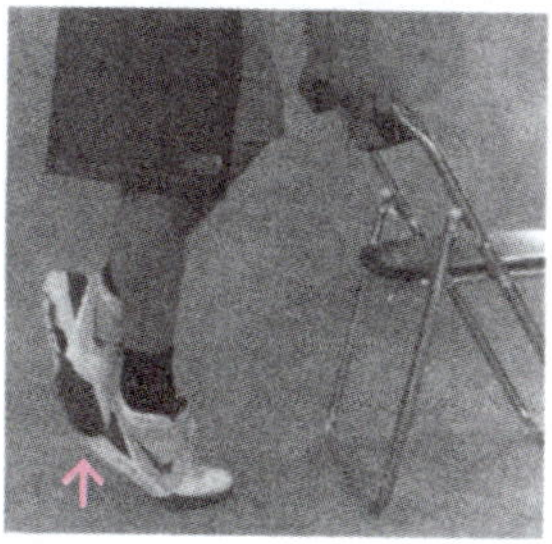

变化练习①

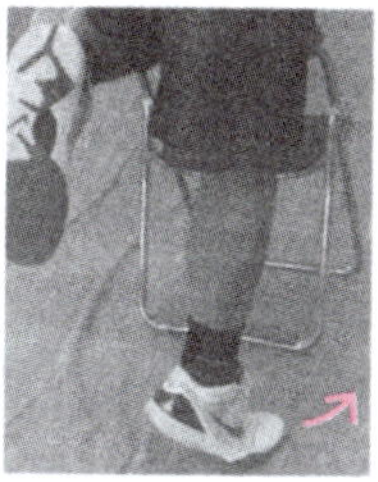

▲脚尖朝向外侧。小腿内侧得到训练。

变化练习②

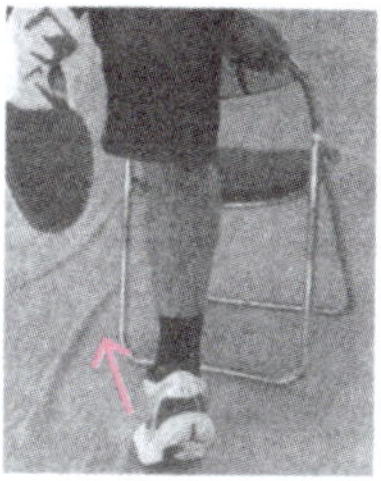

▲脚尖朝向内侧。小腿外侧得到训练。

变化练习③

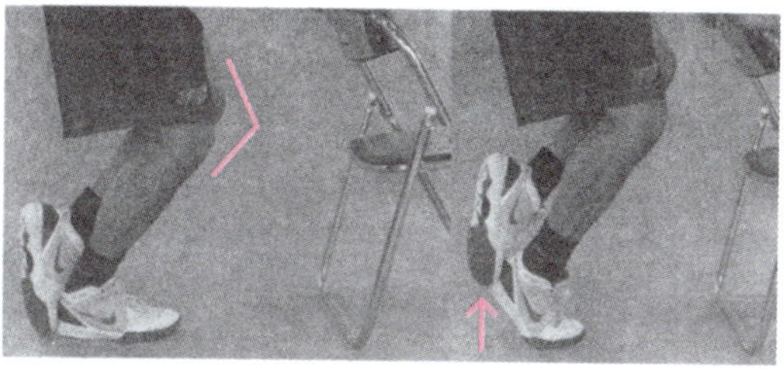

▲膝关节弯曲。训练靠近跟腱的小腿内侧肌群。

Menu 126

提踵（2）

脚踝前面肌肉的训练方式。脚踝有伤的人或胫骨痛的人，因为这部分肌肉较弱，和小腿的伸展训练组合起来效果比较好。

■手扶着墙壁或椅子，脚尖朝向正前方，两脚稍开立。
■尽可能地使脚尖向高提。

NG

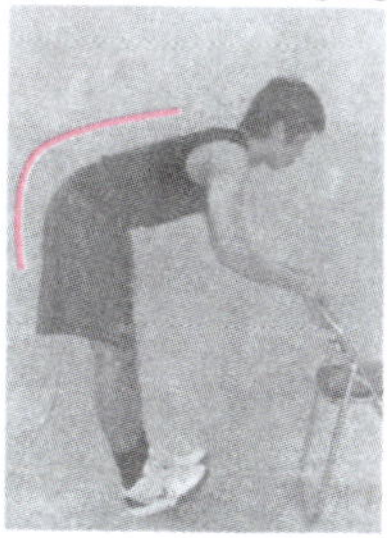

▲脚尖抬起，腰部弯曲。

Menu 127

哑铃·循环运动

篮球场走，是以上身为主的训练方式。练习部分基本上是上肢正面的肌群，但随着上下摆动幅度的加大，背部肌群力量也会得到有效的提高。篮球运动是有很多动作涉及到从身体下、前、上的活动范围，所以这也是一种有实践意义的训练方式。但是，因为身体肌肉不够发达的选手把哑铃往头顶举的时候，腰伸得太过容易引起腰痛。所以和第2章介绍的稳定性训练组合起来练习比较好。

■以1秒钟一步一动的节奏，在球上完成1次往返，往返时应采用2～3组动作。

1. 哑铃训练 二头肌：手臂交换弯曲+仰卧起坐（Trunk curl）。

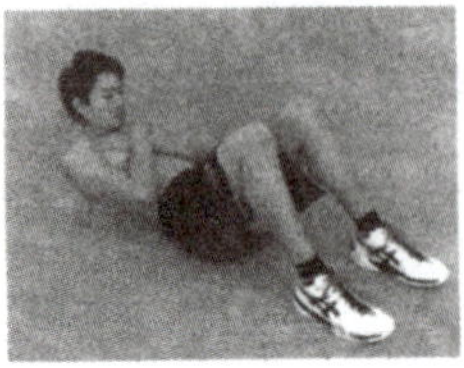

▲仰卧起坐的训练法请参考menu 61。

2. 前推：手和肩膀保持同一高度两手交互向前拉伸+仰卧起坐（Sit-up）。

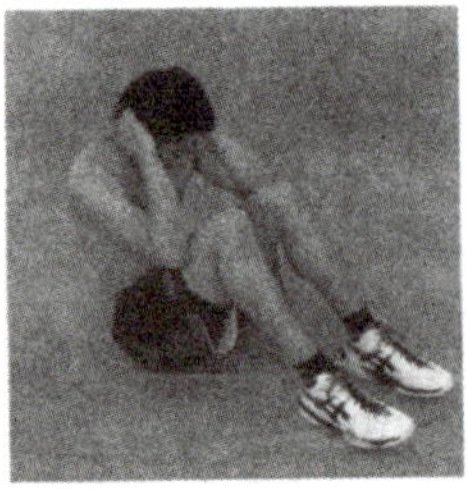

▲仰卧起坐（Sit-up）的训练方法请参照menu64。

与基本训练方式相结合，有效安全地进行吧。

3. **颈后杠铃臂屈伸：** 手臂靠近耳朵位置，两手腕同时向上提升+仰卧举腿。

▲仰卧举腿的训练方式参考menu 66

4. **肩上推举：** 两手交互向上拉伸+仰卧提臀举腿。

▲仰卧提臀举腿的训练方式参照menu 67

5. **哑铃侧平举：** 两手举到肩膀同高度+仰卧扭体。

▲仰卧扭体的训练方式请参考menu 72

专栏5

练肌肉不长个儿?

常能听到“肌肉训练后，肌肉太结实，个子长高就停止了”的话。但这是有关肌肉训练的一个误解。

人的身体发育阶段都是按照先纵向伸展、再横向发展的顺序。那究竟是怎么一回事呢？开始能量被重点用于骨骼的生长，而不怎么被用到肌肉的生长。换句话说，身高增高的时候，肌肉是不会自然生长的。在纵向伸展（长高）完成后，开始横向发展，也就是说肌肉开始迅速生长（补充一点，女性开始增加脂肪）。

准确地说，应该是“不是肌肉生长后停止长高，而是长高后肌肉开始生长”。成长期，不建议利用超过所需重量的物品进行肌肉训练，因为会对骨骼和关节造成不必要的负担。但是像本书所介绍的，利用自身或者轻微负重的肌肉训练适度地对骨骼进行的刺激能促进生长。

另外，关于肌肉训练的误解还有如下的话。

“进行肌肉训练后，身体会变硬。”

“进行肌肉训练后，跳跃能力会下降。”

确切地说，只进行肌肉训练而不做身体拉伸的话，使身体变僵硬的可能性还是有的。然后，只进行上身肌肉训练的话，上身体重会增加，那么跳跃能力有可能会下降。即使进行下肢肌肉训练，如果只采取类似慢速移动重物的训练方式的话，肌肉会养成慢移的习惯，那也会有使跳跃能力下降的可能。

总之，无论是哪种情况，并非肌肉训练就是不好，而是采取的方式只集中于一种或许是错误的，这会造成身体的僵硬或者是跳跃能力的下降。

只要按照本书介绍的方式进行训练，那样的事就不会发生，所以请安心地开始训练吧。

第5章
通过足够正确的训练
以不知疲倦的身体参加比赛吧

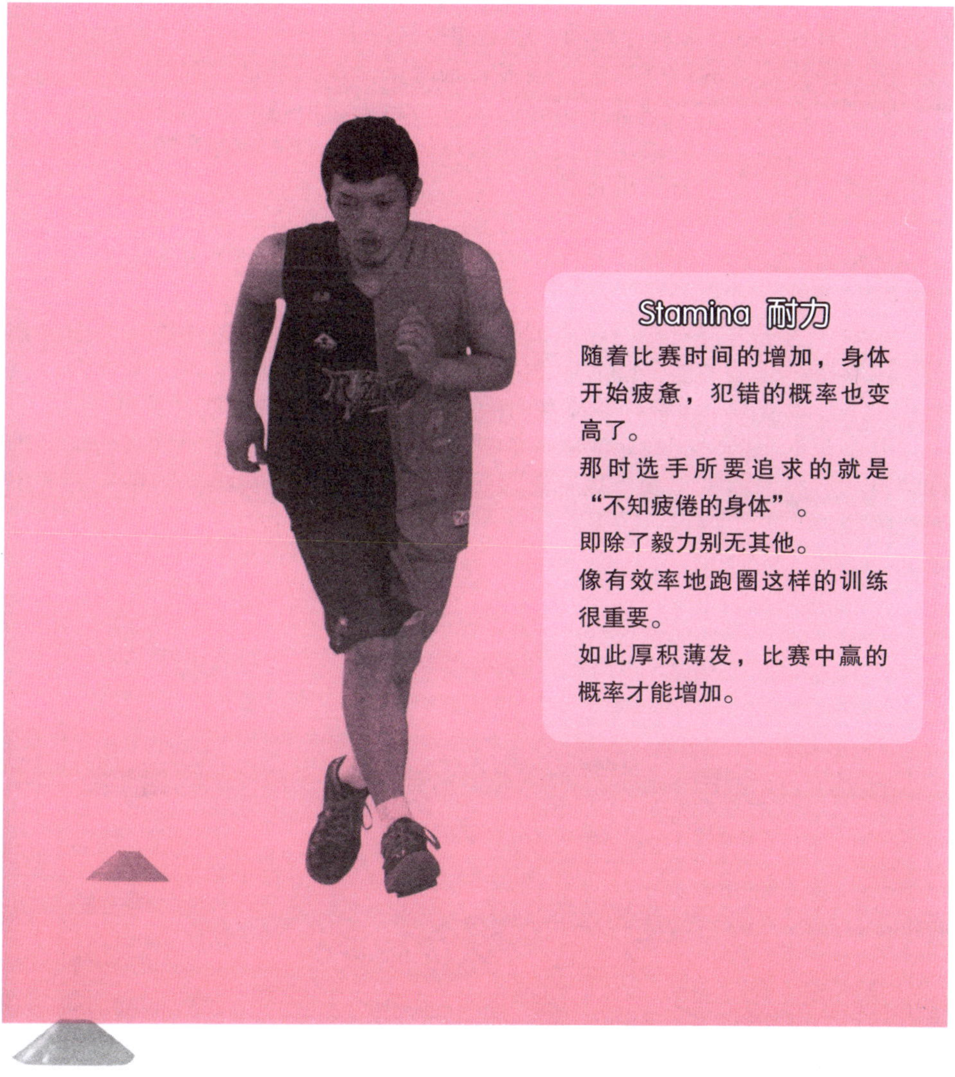

Stamina 耐力

随着比赛时间的增加，身体开始疲惫，犯错的概率也变高了。
那时选手所要追求的就是“不知疲倦的身体”。
即除了毅力别无其他。
像有效率地跑圈这样的训练很重要。
如此厚积薄发，比赛中赢的概率才能增加。

能量供给系统

Supply of Energy

——设定"时间和距离"以达到强化耐力——

对于篮球运动员来讲，最担心的是筋疲力尽无法移动的状态，最理想的是"不知疲倦的身体"的状态。无论有怎样快的速度还是多强壮的力量，只要筋疲力尽了就不能快速跑动，也不能投篮命中。

说到强化耐力的训练方式，很多人脑海里浮现的都是"跑圈"。虽然只要一听到"跑圈"这个词就觉得好像筋疲力尽了，但跑圈是逃避不了的。但是，仅仅是简单地跑的话，是达不到篮球运动所需的体能提升的目的的。因此有必要采用科学的方法进行训练。如果不采用科学的跑圈方式，虽然训练很严格，但是体力并不如预想提高的多。科学的跑圈方式虽然要求较高，但有利于耐力的提高。即使是对选手自己来说，在同等严格要求下，要想有效率也得靠自身的努力。

然而，为了进行科学的跑圈训练，有必要先了解"能量供给"方面的知识。能够持续运动的能量随着时间的推移都在变化。参考这点，配合自己想提升的体力能量源，设定"距离和时间"进行跑圈是提升体能的关键。

那么，本章的时间设定是第一次进行训练的数值。请按照整队的水平进行调整。然后，依据正规场地宽度设定时间，也可根据自己球队场地的大小进行调整。

能量供给构成图

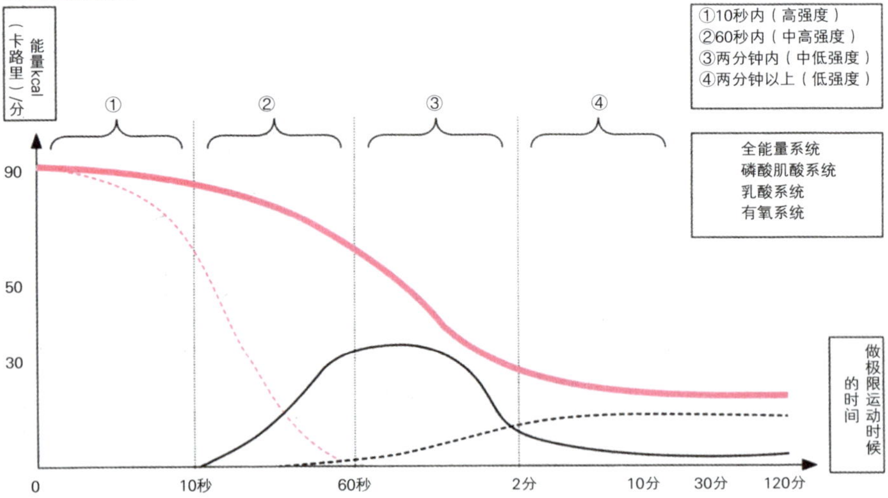

长：运动场

Long：ground

——长时间、慢速，长距离——

运动时间持续在2分钟以上的低强度跑，为了便于理解就称为“long（长）”。一说到“long”，就会有在球场进行长跑的印象，但是即使长跑也是有各种各样的训练方式。

Menu 128

6000米长跑

因为据说一个篮球运动员在比赛中跑的路程大概有5~6千米，长跑的情况下就定6000米。长跑请尽量以LSD的方式训练，即长时间（long）、慢速（slow）、长距离（distance）。

要点提示：

即使慢跑，也可以训练耐力。

Menu 129

3000米配速跑

首先进行3000米的计时赛，以此为基础进行配速跑（以某个步伐速度跑的项目）。步伐的决定方法，对目标时间进行以下的计算，进行决定。在400米跑道上进行训练的情况，每半周（200米）进行配速。

配速设定案例

3000米的目标时间：总时12分钟

→1000米：4分钟→200米：48秒

要点提示：

跑速要按各练习者实际能力设定，耐力才会在训练中得到有效提升。

Menu 130

3000米加速跑

作为配速跑的下个阶段，要进行加速跑（逐渐增加速度的练习）。因为要每1000米加速，所以最开始的1000米以比配速跑稍慢的速度进行。下一个1000米以每200米提快1秒的速度。最初和最后的1000米，时间差设置在10秒内。

配速设定案例

3000米的目标时间：总时12分钟

1000米：245秒（4分05秒）
1000米：240秒（4分）
1000米：235秒（3分55秒）

要点提示：

不是最开始就全力冲刺，而是通过逐渐提升速度，提升耐力。

以正确的方法提升耐力，有可能使球员一直打到66赛赛点也能有体力打。▶

长：球场循环

Long：Around the Court

——慢跑和冲刺循环交替吧——

跑道并不仅仅是球场，也可以是体育馆。在体育馆进行配速跑时，在下图所示的图片位置上放置6个锥形障碍物，做出1周75米（以28×15米的正规篮球场为例）的环形跑道。

配速跑中增加篮球运动的特性，以慢速跑和全力地冲刺跑交互循环的模式进行长跑的训练比较好。

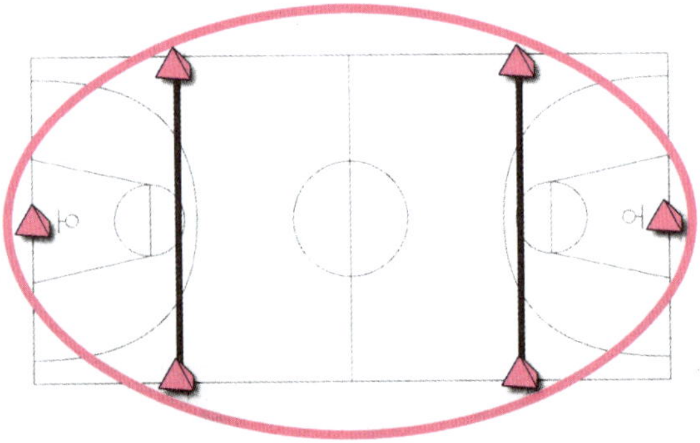

进行配速跑时放置的锥形障碍物

Menu 131

配速跑

利用体育馆的环形跑道。所配的速度通过数字定时器确定。单个人进行训练的时候也可以带着秒表进行训练。

3000米→40周

1500米→20周

700米→10周

速度设定案例

1500米得目标时间：总时6分钟。

1周75米：18秒

Menu 132

50-10

基本上以利用体育馆的环形跑道为主，如果能用整个体育馆的话，也可以设计一个更大的环形跑道。数字定时器设定1分钟，然后开始慢跑。在提示剩下10秒钟开始全力冲刺跑，一直到信号器响为止。下一个巡回跑提示剩下15秒钟的时候就开始全力冲刺，依次增加5秒的提前冲刺时间。到9分钟的时候，慢跑的时间逐渐缩短，全速冲刺的时间逐渐增加，是相当苛刻的训练。不全速冲刺也是可以的，速度的变化才是最重要的。与此相反，因为从10分钟开始慢跑的时间逐渐增加，冲刺的时间逐渐缩短，请加快速度。

根据跑的时间慢跑和冲刺的分配。

长：球场往返跑

Long：Court Shuttle

——转身时注意身体的移动——

进行循环慢跑和冲刺，属于区间往返跑（变向跑）的一种方式。和往返跑中间的速度相比，冲刺的速度较慢，主要是为了容易转身，对获得转身时身体的技能也是非常有用的。

另外，关于往返跑，单程被认为是1次，1次往返用数字“2”表示。在菜单中写着4的表示往返2次。

Menu 133

4&2（26秒）

数字定时器设定成26秒。从端线开始跑，前4条线是冲刺跑（26秒），跑回到端线，进行两次短跑（26秒），然后再开始冲刺跑。同样动作循环5次。运动和休息的时间比是1:1，即每间隔260秒的休息后，再进行2~3组的练习。进行小组训练的情况，如果分开两个组，那么按照1:1的比例训练。

4&2跑的图示

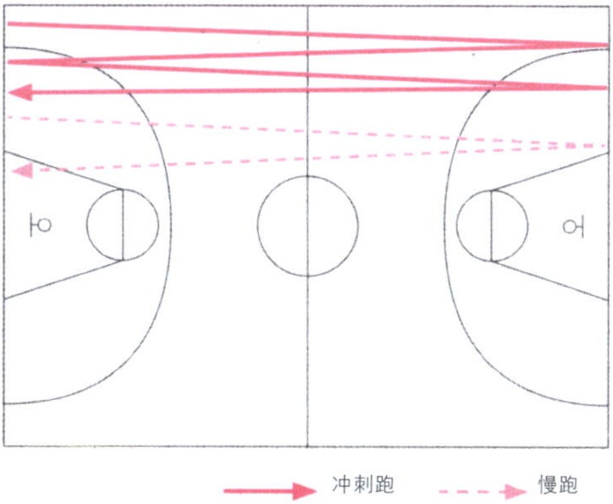

Menu 134

3&1（16秒）

数字定时器设定成16秒。从端线开始跑，前3条线是冲刺跑（26秒），跑回到端线，进行1次短跑（15秒），然后再开始冲刺跑。同样快慢循环10次。运动和休息的时间比是1:1，即每间隔320秒的休息后，再进行2~3组的练习。进行小组训练的情况，如果分开两个组，那么按照1:1的比例训练。比起4&2速度加快了，比较接近“中低强度”（参考能量供给系统）。

3&1跑图示

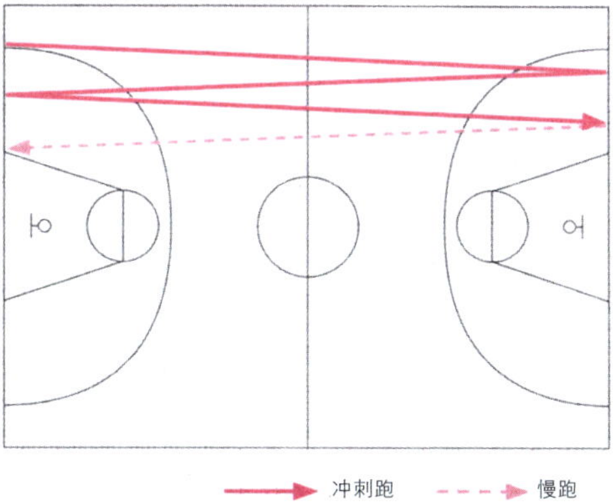

中：往返跑

Middle：shuttle

——训练到下半场仍能活动的耐力吧——

运动时间被称为“中（Middle）”，组合了从10秒到60秒的中高强度和从60秒到2分钟的中低强度。篮球运动中，因为中高强度比较接近竞技的特性，即运动时间角度来看30秒到45秒的菜单比较适合。

中采取的是在球场中进行的往返跑。在球场上，以提高耐力主要是心肺机能方面为主，也要涉及到提高脚部的负荷力。篮球运动因为转向很多，所以能看到很多队员到下半场因为频繁转向，脚部就没力气导致无法移动的情况。因此，考虑到篮球运动耐力方面的要求，往返跑的练习内容是不可或缺的。

Menu 135

全场10次折返（Big10）

数字定时器设定成60秒。从端线开始跑，进行10次冲刺跑（60秒）。运动和休息的时间比是1:2，即每间隔2分钟的休息后，再进行3~5组的练习。进行小组训练的情况，如果分开三个组，那么按照1:2的比例分开训练。

Big10跑的图示

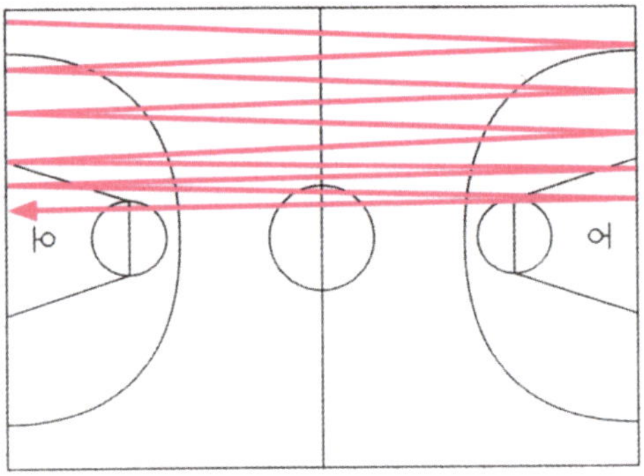

变化练习

进行配速跑时，数字定时器设定成12秒。进行变速跑的训练的时候，设置成14秒、13秒、12秒、11秒、10秒。

Menu 136

正常（normal）6

数字定时器设定成33秒。从端线开始跑，进行6次冲刺跑（33秒）。运动和休息的时间比是1:3，即每间隔99秒的休息后，再进行3~5组的练习。进行小组训练的情况，如果分开四个组，那么按照1:3的比例分开训练。

Normal 6跑时的图示

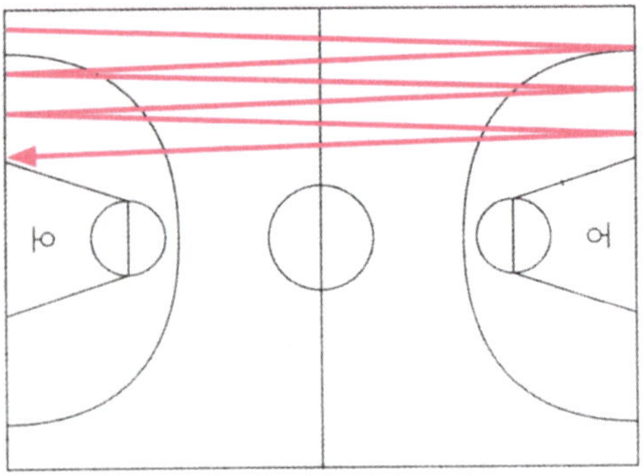

变化练习

配速跑时，数字定时器设定成11秒。变速跑时设置成12秒、11秒、10秒。

Menu 137

半&全（half&full）

数字定时器设定成36秒。从端线开始跑，半场和全场线交叉进行冲刺跑（36秒）。运动和休息的时间比是1:3，即每间隔108秒的休息后，再进行3~5组的练习。规则的半&全跑循环方式（图A）和不规则的半&全跑循环方式（图B）都有。

半&全跑的图示

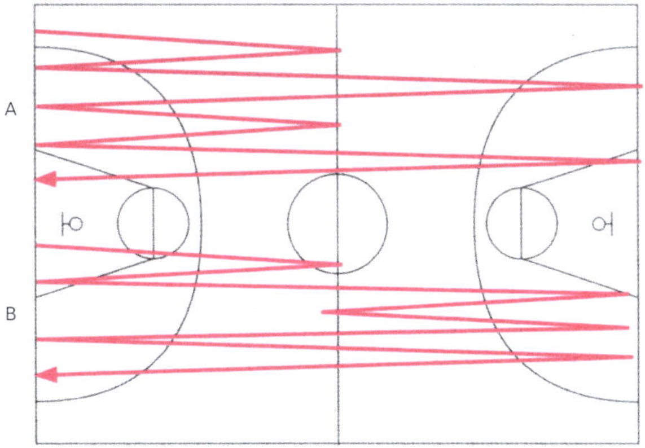

Menu 138

4线往返跑

数字定时器设定成38秒。从端线开始跑，在四条线处转身全场进行冲刺跑（36秒）。运动和休息的时间比是1:3，即每间隔108秒的休息后，再进行3~5组的练习。按照由近到远的顺序到线转身，最后再跑一遍半场转身。最后增加一次半场往返跑加上“正常6”和“半&全”的距离就一样了（三个往返）。不同的是转身的次数，分别是5次、7次、9次，只要比较三者的时间就能区分出转身技能的高低。有规则地按照由近及远的按线跑的方式（图A），也有不规则跑的方式（图B）。

4线往返跑的图示

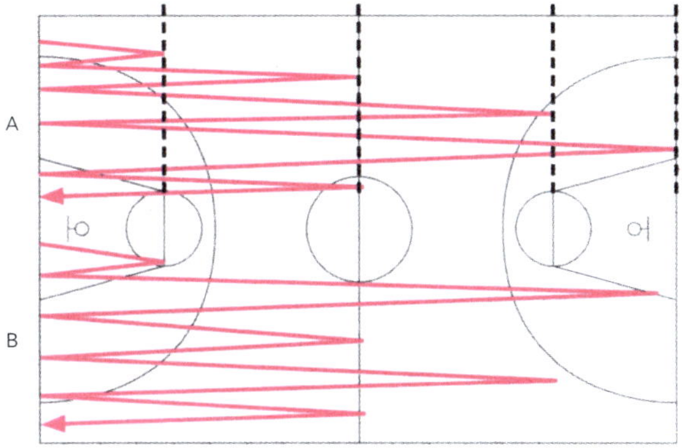

Menu 139

3-1-2

从端线开始跑，前3条线是冲刺跑（14秒），进行1次短跑（12秒），然后再开始2线的冲刺跑（10秒）。运动和休息的时间比是1:3，即每间隔108秒的休息后，再进行3~5组的练习。这个练习单跑的距离也是三个往返，要领并不是三个往返全程冲刺跑，中间夹着短跑，在某种程度的恢复后，再开始冲刺跑。

3-1-2跑的图示

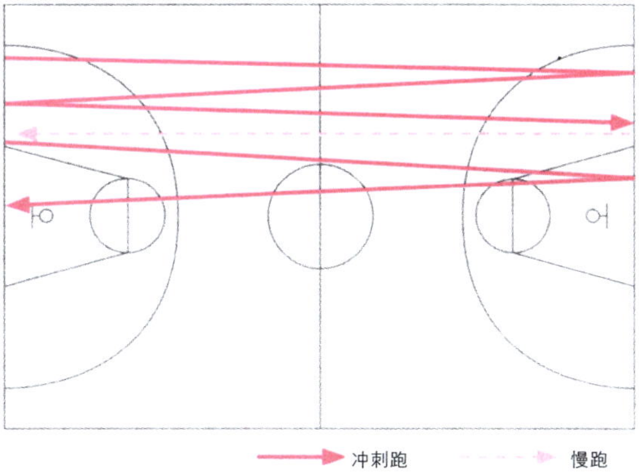

中：步法

Middle：step

——组合步法跑吧——

为了提升篮球运动的耐力，不仅仅是简单的跑，也很有必要综合各类步法练习进行跑的训练。组合进入步法后，因为比起简单的跑要保持更低的姿势进行移动，脚部很容易疲劳，进入所谓的"脚因为乳酸而发酸"的状态。

Menu 140

车轮钻（wheel drill）

数字定时器设定成30秒。以中心圈（也可以是罚球区）为中心，组成一个边长为6米的正六边形，在每个顶点放置一个锥形障碍物。从中心开始跑向任意一个锥形物，到后返回中心，然后向其左边的锥形物出发，依此类推。经过全部的6个锥形物后，跑向第一个锥形物的右侧锥形物，绕着六边形的周围往左跑一圈。反方向也可以进行。

车轮钻（wheel drill）跑的图示

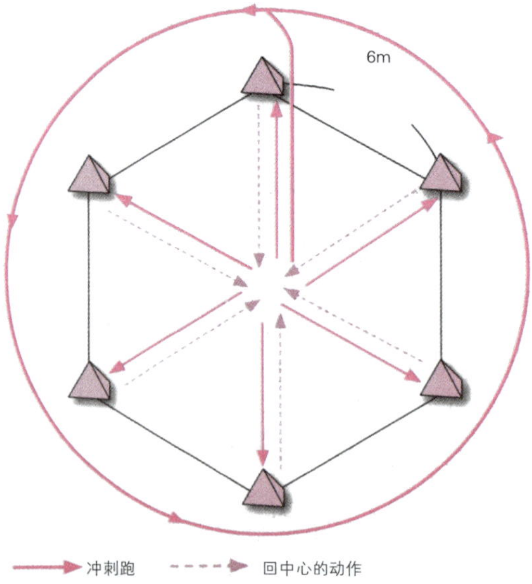

变化练习

冲刺跑→周围（绕锥形物一圈）→冲刺跑
冲刺跑→到锥形物→返回跑
冲刺跑→到锥形物→滑步
滑步→到锥形物→滑步

POINT 要点提示：

队友发声助威使气氛热烈

车轮钻（wheel drill）跑也可以6个人同时进行。4组的话就有24人。如果在两个地方进行的话，最高可以同时达到48人。这个练习内容，在沿着六边形外围跑时，队友发声助威，气氛会异常热烈。但是，像这样的钻孔，无论如何每个人的动作都会有变成不精确的倾向。例如，团队练习时，如果有未到锥形物的情况时，那么就要停下来重做。

Menu 141

变化练习・往返跑

数字定时器设定成7秒、2秒、7秒、2秒、7秒、10秒（共35秒）。从端线开始进行如下的往返跑。

1）用滑步往返罚球线2次：7秒（休息2秒）。

2）用冲刺跑往返中场线1次：7秒（休息2秒）。

3）用冲刺跑和倒着跑往返对面的罚球线1次：7秒（休息2秒）。

4）用冲刺跑往返对面的终线1次：10秒。

运动和休息的时间比是1:3，即每间隔105秒的休息后，再进行3~5组的练习。

Menu 142

45秒T形

数字定时器设定成15秒、5秒、10秒、15秒（共45秒）。

1）从端线开始到罚球线用冲刺跑。用滑步到左边的锥形物。用交叉步到右侧的锥形物。用滑步回到中间的罚球线位置，然后倒跑回到端线。进行两组这组动作（15秒）。

2）用冲刺跑从端线一直到中场线，然后转身倒跑到对面的罚球线。

3）从罚球线到端线用滑步往返2.5次（10秒）。

4）从端线到端线往返跑1.5次（15秒）。

运动和休息的时间比是1:3，即每间隔135秒的休息后，再进行3~5组的练习。

变化练习・往返跑的图示

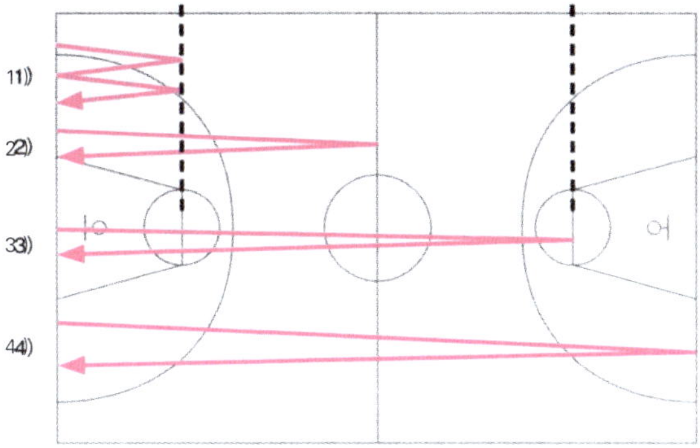

※上图中，1）之后每个步骤的开始位置错位，实际上开始和结束是在同一个位置。

45秒T形图示

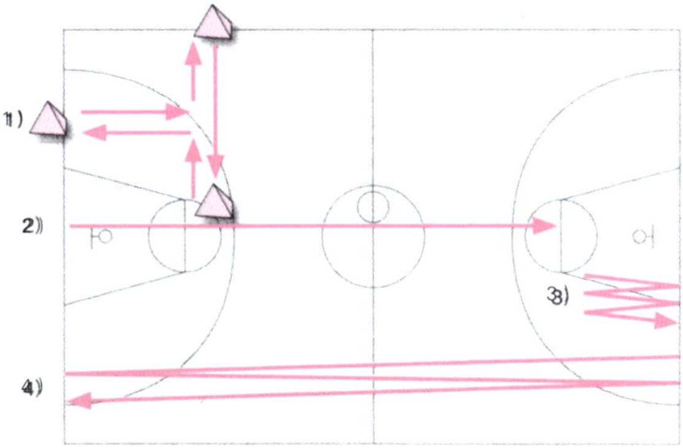

※上图中，1）之后每个步骤的开始位置错位，实际上开始和结束是在同一个位置。

篮球运动中相关耐力提升方面的练习必要的不是仅仅不计后果地跑。综合运用各种步法才是重要的。

专栏6
怎么练能减肥？

对于女选手来说，初、高中阶段正是成长发展阶段，身体脂肪快速增长的阶段。身体脂肪有能量的储存库之称，并不是不需要的部分。但是，过多的话就成为了运动的额外负担。而且，因为随着身体脂肪的过度增加，也容易使受伤的伤口更大，所以增加对身体脂肪的控制力还是很重要的。

控制身体脂肪虽然最有效果的措施是减少食糖果之类的小吃，但是这一阶段是学生处于心理不稳定的阶段，部分同学有通过吃东西来缓解压力的习惯。如果完全禁止糖果之类的话，又会变回压力，会陷入到在无法忍受的时候会吃更多零食的恶性循环中。因此，比起完全禁止零食的做法，可能更实际的做法是逐渐减少零食量较好。

那么，如果通过训练来减少脂肪的话，应该怎么做比较好呢？为了减少身体脂肪，做20分钟以上的有氧运动比较好。说到有氧运动跑步虽然也是，但是和为了提升耐力的跑步速度（运动强度）是不一样的。因为要求速度变快的话，随着心脏跳动加快，运动的强度也增加了。

为了确定准确的运动强度，需要进行严密的计算。初高中生为了提升耐力，一个目标是心脏跳动必须达到140次/分。与此相对，为了减少身体脂肪则需要以达到心跳120次/分左右的速度来跑。

虽然也有个体差别，但是120次/分的速度是相当慢的速度了。以边喘息边跑的速度进行的话，虽然有可能提升耐力，但是身体脂肪并不会如预期地减少。对于“为了减身体脂肪而进行跑步，但结果却减不下去”的人来说，建议测一下心跳速度怎么样？

第6章

自我身体诊断之后，进行组合训练吧！

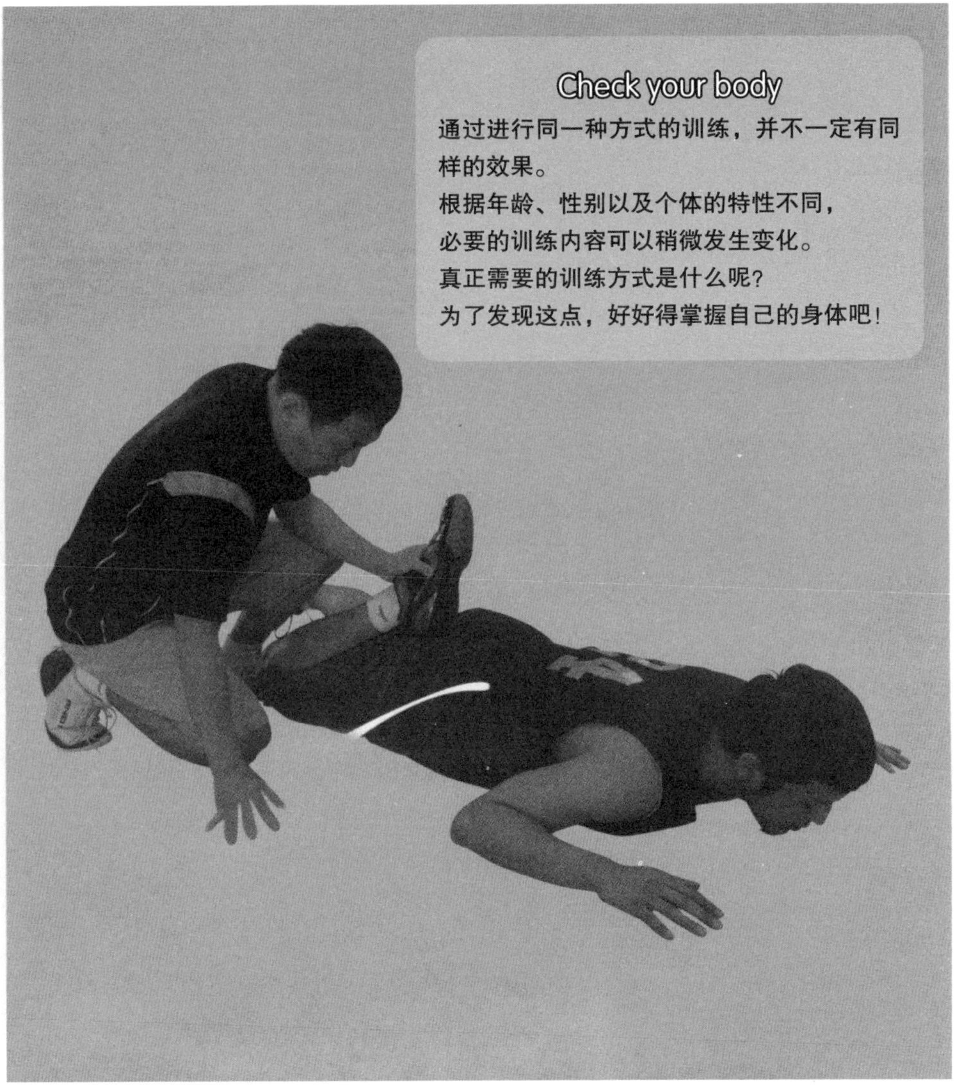

Check your body

通过进行同一种方式的训练，并不一定有同样的效果。
根据年龄、性别以及个体的特性不同，
必要的训练内容可以稍微发生变化。
真正需要的训练方式是什么呢？
为了发现这点，好好得掌握自己的身体吧！

柔韧性检测

Flexibility

——为了不让身体受伤确认下吧——

检测 1 压腿＆肘部支撑

综合检测臀部内侧、腰以及背部的柔韧性与髋关节内侧和肩胛骨周围肌肉的柔韧性。不是很难的动作，所以推荐每天进行练习。首先，双腿尽可能地向外打开，双手支撑下巴，向前弯曲检测肘部能否碰到地面。

▲A手肘触地面

▲B手肘和地面距一拳

▲C手肘和地面超过一拳

▲D无法前屈

检测 2 下蹲

检测脚踝的状态。不是小腿硬，而是因为小腿前侧肌肉弱不能下蹲的情况也有。两脚脚跟并拢坐下来试试吧。

▲A交叉背后蹲下

▲B手叉腰下蹲

▲C伸手下蹲

▲D无法下蹲

检测 3 俯卧＆屈膝

检测臀部前侧肌肉的柔韧性。臀部太硬的话，容易使膝关节受伤。俯卧状态，双腿膝关节逐个弯向臀部。让搭档帮忙稍微按住脚踝进行检测比较好。

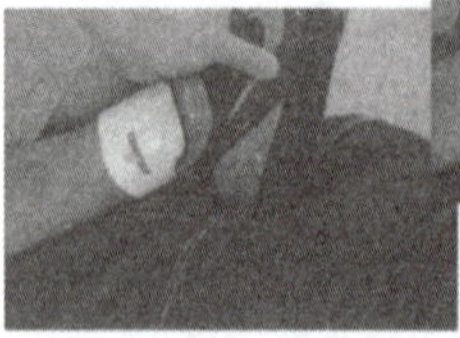
▲A脚踝压入臀部

▲B脚踝触到臀部

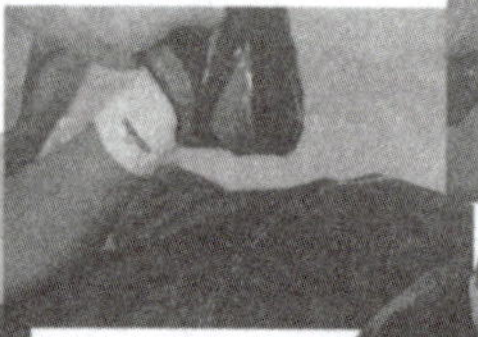
▲C脚踝离臀部一拳距离

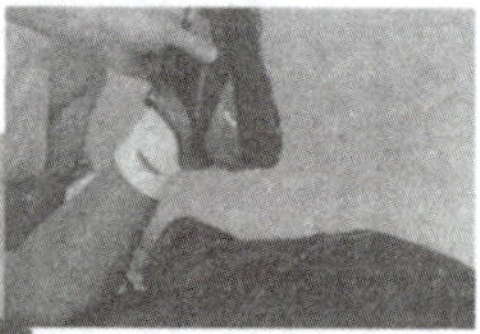
▲D脚踝距离臀部一拳多

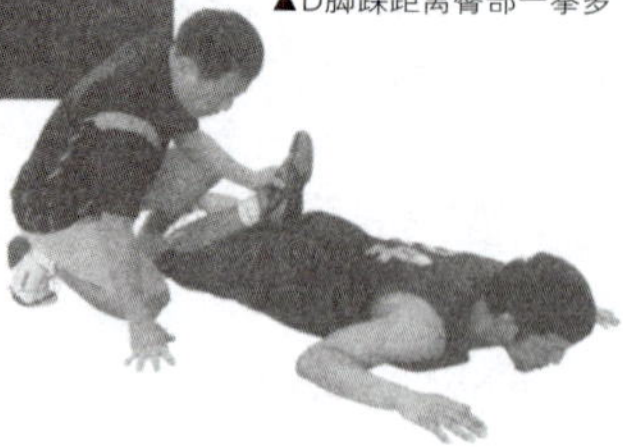

检测 4

背手拉

接着，检测肩部柔韧性。两手在背后一上一下勾住。左右两边都进行测试。

▲A两手握住

▲B两手碰到

▲两手距离一拳

▲D太疼手无法扭握

检测 5

猫式＆下犬式

对腰部柔韧性的检测。对于篮运动员来说，脊椎尤其是胸部的胸椎是非常重要的。如果胸椎太硬的话，投篮或者抢篮板球时，因为要尽量腰部弓起，手臂抬高，容易对腰部造成额外负担。而且做运球突破等技术的时候，上身扭转时如果胸椎太硬，只能通过腰部扭转，也会增加腰痛的风险。检查的要点并不仅是评价，是对背椎健康状态的一个了解。四肢着地，腿部是膝关节着地，然后弯曲腰部，上抬或下压。

检测要领

从背部开始弯曲腰部，整个脊椎卷曲或者背伸能否做到尤其注意下，在弓起向下的时候是否只有腰部弯曲，而背部是平的?

POINT 要点提示:

制作检测表记录下来吧

检测出来的结果写在检测表相应的位置。脊椎柔韧性一般通过坐位体前屈来判断，但是只凭这一项来定稍显不足。选手不同，僵硬的地方也不同，请找出各自的关注点。虽然得到所有的A（明显地做好猫式＆下犬式）是目标，但是如果某个检测是D的话，意味着有受伤的危险性。从第1章介绍的menu开始选择同类的伸展训练的内容，重点地进行训练。

柔韧性检测表

日期________________

项目	得分			
压腿＆肘部支撑	A	B	C	D
总结				
下蹲	A	B	C	D
总结				
俯卧＆屈膝	A	B	C	D
总结				
背手拉	A	B	C	D
总结				
猫式＆下犬式	□身体向下弯曲□身体向上弯曲			
总结				

运动能力检测

Speed and Power

——了解自己的能力提升运动能力——

检测6 20米冲刺跑

检测冲刺跑的能力。在起跑线采取站立式准备起跑，找好时机开始跑。开跑的瞬间按动秒表开始计时，记录到离自己20米远的终点的时间。

▲以站立式开始起跑

20米冲刺跑得分和专业敏捷能力得分表

	冲刺跑		专业敏捷能力	
得分	男子	女子	男子	女子
10	~	~	~	~
	2.85	3.25	4.80	5.10
9	~	~	~	~
	2.90	3.31	4.87	5.21
8	~	~	~	~
	2.95	3.37	4.94	5.32
7	~	~	~	~
	3.30	3.43	5.01	5.43
6	~	~	~	~
	3.05	3.49	5.08	5.54
5	~	~	~	~
	3.10	3.55	5.15	5.65
4	~	~	~	~
	3.15	3.61	5.22	5.76
3	~	~	~	~
	3.20	3.67	5.29	5.87
2	~	~	~	~
	3.25	3.73	5.36	5.98
1	~	~	~	~

检测7 专业敏捷能力

敏捷能力的测试。画三条线间隔均为5米。在中间线上采取站立式起跑准备，找好时机开始跑。向右跑用右手能碰到右边的线，马上转身穿过中间线向左边线跑，用左手触碰左线，马上转身跑回中间线。跑的距离是20米。时间从中间线开始计算，一跑动的同时按下秒表，到终点为止记录时间。同时测反方向的时间，然后取两者的平均值。

专业敏捷能力测验跑的图示

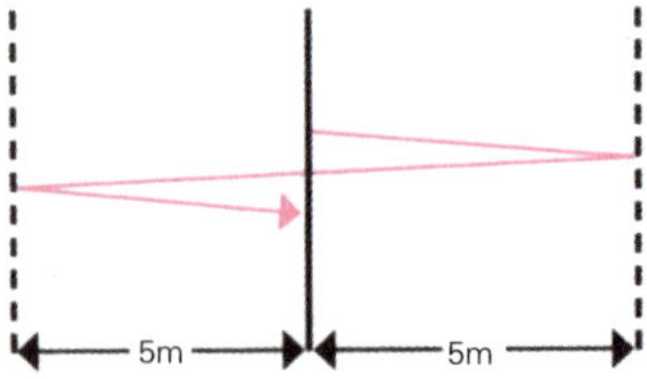

▼右手触右侧线，左手触左侧线

检测 8

立定跳远

检测下肢的力量。立定跳远因为和纵跳关系紧密，立定跳远跳得远的人纵跳几乎也都能跳得高。立定跳的优势是比起纵跳更容易检测。检测的时候，双脚起跳，双脚着地。测量起跳的时候前脚尖到着地的时候后脚跟的距离（双脚着地前后有差距时，测量到后脚的脚跟距离）。如果出现着地无法停止的情况，重新再跳一遍。

▲前后脚着地有差距时，测量到后脚脚跟的距离

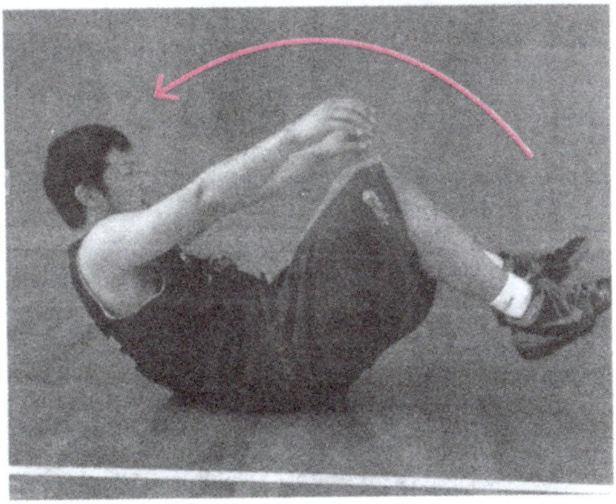

▲着地不能完全停止时重跳

检测 9

立定三级跳远

检测下肢的弹跳能力。先双脚起跳，着地后不停止马上连续进行两跳，然后双脚着地停止（包含起跳总共用了三跳）。着地不能完全地停止的话，请重跳。另外，不能连续跳或者直接停下来的情况，也请重跳。

女选手的话，因为不能连续跳或者是停下来的情况时有发生，所以只能提前多做训练。

立定跳远和三级跳远的得分表

	立定跳远		三级跳远	
得分	男子	女子	男子	女子
10	≀	≀	≀	≀
	270	210	805	625
9	≀	≀	≀	≀
	262	202	787	607
8	≀	≀	≀	≀
	254	194	769	589
7	≀	≀	≀	≀
	246	186	751	571
6	≀	≀	≀	≀
	238	178	733	553
5	≀	≀	≀	≀
	230	170	715	535
4	≀	≀	≀	≀
	222	162	697	517
3	≀	≀	≀	≀
	214	154	679	499
2	≀	≀	≀	≀
	206	146	661	481
1	≀	≀	≀	≀

检测 10

俯卧撑

检测上身的肌肉。首先以正常的俯卧撑准备姿势做好准备（参见memu 103）。女生请用膝关节触地。在下巴下到的地方放置一卷胶带（4厘米高的目标物）。按照2秒钟一次的节奏做俯卧撑，直到不能保持节奏做俯卧撑的时候结束。另外，如果有臀部抬高或是腹部贴地的情况，不计入内并提醒一次，提醒第二次的时候直接结束。无论是哪种情况，以结束前的一次次数为准。

▼注意臀部不要抬高

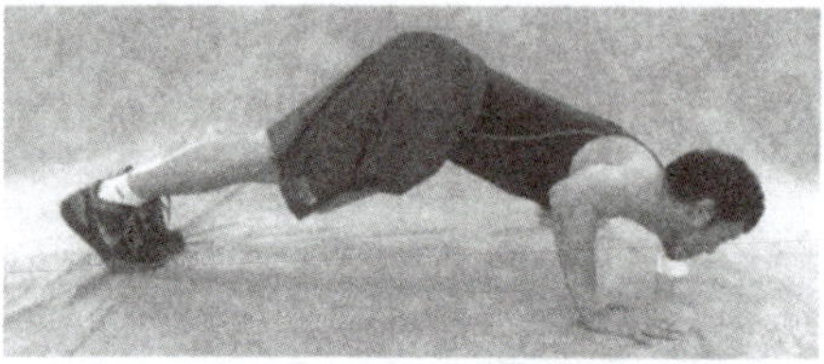

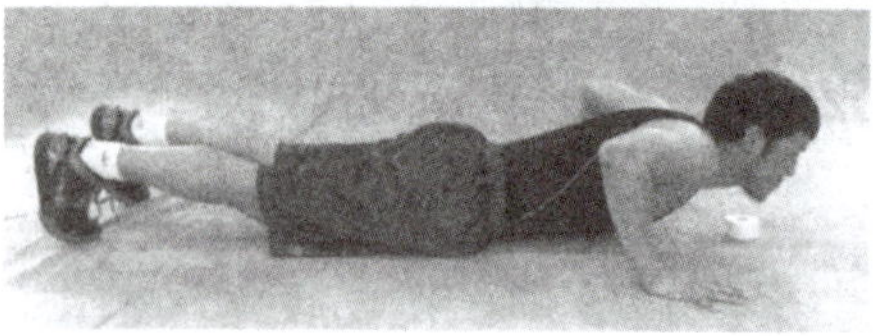

▲注意腹部不要接触地板

▼放置胶带一类的目标物，开始俯卧撑

▲俯卧撑时，尽量使下巴能碰触到胶带

俯卧撑和仰卧起坐的得分表

	俯卧撑		仰卧起坐	
得分	男子	女子	男子	女子
10	≀	≀	≀	≀
	45	30	38	30
9	≀	≀	≀	≀
	41	27	36	28
8	≀	≀	≀	≀
	37	24	34	26
7	≀	≀	≀	≀
	33	21	32	24
6	≀	≀	≀	≀
	29	18	30	22
5	≀	≀	≀	≀
	25	15	28	20
4	≀	≀	≀	≀
	21	12	26	18
3	≀	≀	≀	≀
	17	9	24	16
2	≀	≀	≀	≀
	13	6	22	14
1	≀	≀	≀	≀

检测 11

仰卧起坐

检测躯干肌肉的方式。首先两手折叠放到脑后做仰卧起坐（参照menu 64）。两人一组，由搭档帮忙固定住脚部。从手靠在地板上开始到身体起来手肘碰到大腿为止。恢复原位时，肩胛骨落靠到地面为止（手不必靠在地面上）。记录30秒内，手肘碰到大腿的次数。

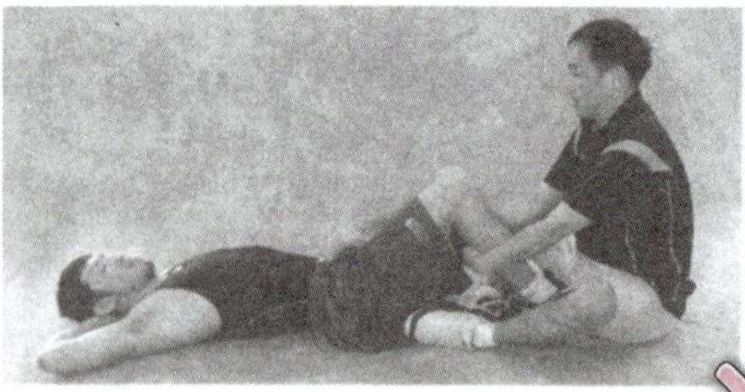

▲两人一组时，搭档帮助压在脚部

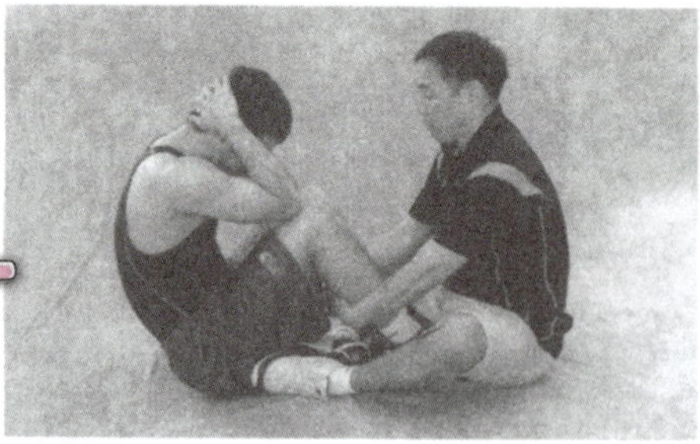

▲身体起来手肘碰到大腿

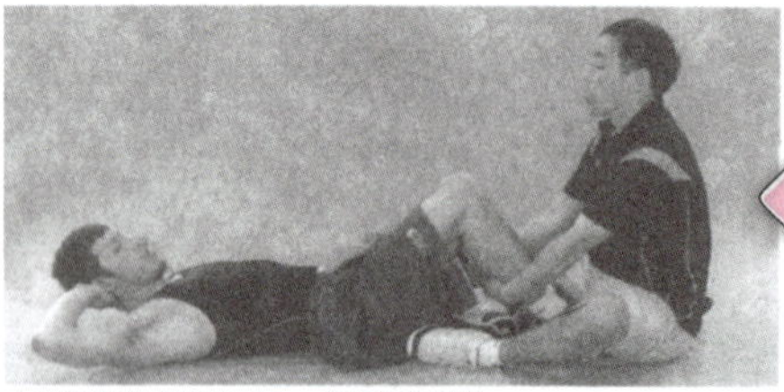

▲肩胛骨落靠到地面上，身体恢复原位

检 测
12

往返跑

耐力检测。从端线开始跑到对面的端线往返20次，并记录下用时。此外，得分表的数值是依据正常规格的球场得出的。因为跑动路程变成了28×2×20=1180米，请根据各自球场的大小进行补正。

例）26米的球场
26×2×20=1040
1040÷1180=0.93
得分表中的数值乘以0.93。

20往返跑得分表

	20往返跑	
得分	男子	女子
10	≀	≀
	4'30	4'50
9	≀	≀
	4'40	5'10
8	≀	≀
	4'50	5'20
7	≀	≀
	5'00	5'30
6	≀	≀
	5'10	5'40
5	≀	≀
	5'20	5'50
4	≀	≀
	5'30	6'00
3	≀	≀
	5'40	6'10
2	≀	≀
	5'50	6'20
1	≀	≀

POINT 要点提示：

发现自己要解决的问题重点训练吧

检测6至检测12的运动能力检测确认后，填写检测表。高中生在7分范围内，初中生在5分范围内寻找目标值。第二次检测之后，设定比前一次多1分的目标。填入数值后，建议做成表格。这样，更能清晰地知道自己薄弱的地方。
发现自己要解决的问题后，请从第3章、第4章、第5章介绍的训练方式中，选择能克服自己问题的menu，重点进行训练。

运动能力检测表

	目标值	测定值	分数
20米冲刺跑			
专业敏捷			
立定跳远			
立定三级跳远			
俯卧撑			
仰卧起坐			
往返跑			

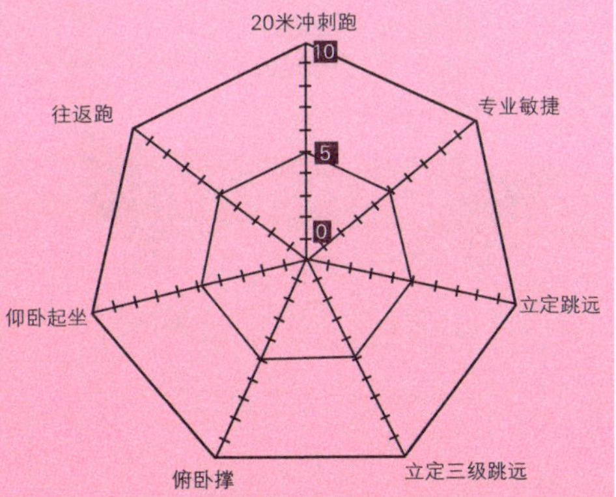

Epilogue

“正是恰当的训练才

终章

很荣幸这次让我来介绍篮球运动员所需要的相关训练。我希望不要漫无目的地去练，而是持有明确的个人或者是团队的目的地有意识而又积极努力地去练习。相信认真做到我所提的要领之后，可以期待更好的效果。

希望大家进行有效训练的同时，也要注意到安全。即首先重视基础练习的伸展活动以及稳定性等方面，在此基础上，组合技能训练是依据速度和力量甚至是耐力练习的各项menu进行训练的。注意各项训练中动作方面的细节要求，尽量做到准确也是非常重要的。

可能会有人感到书中介绍的训练方式有点不够。我指的是，比如说想知道很多训练方式来提高弹跳力的运动员，那也是可以理解的。篮球运动是使篮球投入设置在离地面10英尺（3.05米）的篮筐的运动。正因为如此，谁都这样期望“能有跳得尽可能高的能力吧”。

但是，迫切地想要实现这个愿望而过度进行训练导致不断有运动伤病的出现也是一种事实。因此希望大家先重视“基础训练”，并借此来提升弹跳能力……只有这些积累才能创造出超级比赛。

也为了更加感受到这项不断发展的运动之魅力，希望大家一定要关注到训练方面。然后，通过获得控制篮球所需的灵巧和敏捷动作的训练，也能具备强大的精神力量。我真诚地祝愿大家以成为心（理）技（术）体（能）兼备的运动员为目标而不断挑战。

能创造出超级比赛。”

版权声明

书名：バスケットボール 器具なしでできる筋力トレーニング

作者：窪田邦彦

图字：01—2017—6335

图书在版编目(CIP)数据

篮球无器械体能训练 /(日) 窪田邦彦著；张守伟译.
-北京：人民体育出版社，2018
ISBN 978-7-5009-4992-3

Ⅰ.①篮… Ⅱ. ①窪… ②张… Ⅲ. ①篮球运动-身体
训练 Ⅳ. ①G841.2

中国版本图书馆 CIP 数据核字(2016)第 129503 号

*

人民体育出版社出版发行
三河兴达印务有限公司印刷
新 华 书 店 经 销

*

880×1230 32 开本 3.25 印张 70 千字
2018 年 1 月第 1 版 2018 年 1 月第 1 次印刷
印数：1—5,000 册

*

ISBN 978-7-5009-4992-3
定价：20.00 元

社址：北京市东城区体育馆路 8 号（天坛公园东门）
电话：67151482（发行部） 邮编：100061
传真：67151483 邮购：67118491
网址：www.sportspublish.cn